成器成功比成功更重要

——孔子的人生时教

赵玲玲 / 著

北京大学出版社
PEKING UNIVERSITY PRESS

图书在版编目(CIP)数据

成器比成功更重要:孔子的人生时教/赵玲玲著.—北京:北京大学出版社,2010.8

ISBN 978-7-301-17224-7

Ⅰ.成… Ⅱ.赵… Ⅲ.孔丘(前551—前479)—人生哲学—研究 Ⅳ.B222.25

中国版本图书馆 CIP 数据核字(2010)第 094916 号

| 书　　　名：成器比成功更重要——孔子的人生时教
| 著作责任者：赵玲玲　著
| 责任编辑：秦　雯
| 标准书号：ISBN 978-7-301-17224-7/G·2861
| 出版发行：北京大学出版社
| 地　　　址：北京市海淀区成府路 205 号　100871
| 网　　　址：http://www.pup.cn
| 电　　　话：邮购部 62752015　　发行部 62750672
| 　　　　　　编辑部 82893506　　出版部 62754962
| 电子邮箱：tbcbooks@vip.163.com
| 印　刷　者：北京嘉业印刷厂
| 经　销　者：新华书店
| 　　　　　　787 毫米×1092 毫米　16 开本　12.25 印张　125 千字
| 　　　　　　2011 年 4 月第 1 版第 3 次印刷
| 定　　　价：28.00 元

未经许可,不得以任何方式复制或抄袭本书之部分或全部内容。
版权所有,侵权必究
举报电话:010-62752024　电子邮箱:fd@pup.pku.edu.cn

目录

总序 IX

自序 XI

前言 XV

生命是可以改造的——人人皆可成器

人人可以改造生命 2

  学习资格上人生而平等 2

  心不在焉就会学无所得 3

人人皆可成器 4

  通过改造自己成功才叫真英雄 4

  改造自我才能超越不足 6

  学习对生命有所改善的"道" 7

  牢记生命最重要的目标就是自我"立命" 8

生命最大的价值——为爱别人而活

要知命更要会转命 13

  自救自助才能转变命运 15

  改过避祸才能人生无咎 16

改过无咎才能希望成真　18

真正做到为别人着想　19

做君子而不做圣人　22

既要利人又要利己　23

　　积极提供有利于对方生存的条件　23

　　为爱别人而活才能活得有价值　24

心怀天下关怀生命——超越时代的价值

超越时代的永恒课题　26

　　超越冷漠与隔阂：对人的关怀　28

　　儒家智慧的现代价值：治乱兴立　29

　　关怀天下，才算仁德　30

积极去除混乱与穷困　33

特蕾莎修女的三句箴言　35

把握时中的分际与分寸——生存的智慧

理直不一定气壮　39

　　要让对方感受到真诚和慎重　39

　　表达礼敬的方式要因人而异　41

　　依据时间、地点、对象而变　42

恰到好处是智慧　44

　　彼此无怨才能和乐融融　46

　　要把自己变得方圆适中　49

让生命畅通无碍——行止要合时

边学边做体会"时"的分寸 53

    不要读死书要能解决实际问题 56

    积极反省才能发现不足 57

    要有自发学习的渴求 58

    举一反三才能融会贯通 59

    要随时修正所学所知 60

让生命有格局——成器之道

眼界决定心的境界 62

先培养器识，后学习技艺 63

器量大小决定事业成败 64

    私生活的瑕疵会影响人生的格局 65

    小瑕疵会成为人生大失败的源头 67

    事业的久长度与器量大小成正比 67

让生命大圆满——避祸之道

生命的圆满：改过与避祸之道 69

    用心于小事可以避免出大错 70

    及时改过，不二过 70

死不悔改的两种表现　73

让生命真精彩——成德之道

学习的终极目的　78

  知德难在何处　79

  行德、守德难在何处　80

生命的精彩：成德之道　82

  让生活无惧无忧　83

成就无咎人生——知时适时

多数过错源自不明时势　86

养成时时留心的习惯　90

如何习知时，行适时　91

  要学当下能解决问题的　91

  要学会慎思远虑　92

  要培养相处时的敬心　93

生命改造的历程——循时而教

生命改造的重点应依不同时龄而有别　96

要分清本末、始终、先后以决定轻重　98

不知"时"常犯有六种错误　99

循时也要心怀天下 104
    过与不及都是错 104
    要有兼善天下的胸怀 105
    没有尝试之前不要画地自限 106

循时而教——十五而有志于学

心之所向持志不放 109
    君子有三戒 110
    要学习与人相处之道 112

一生的志向：提升生命的价值 113
    生命的最大杀手 113
    志向越小生命越容易空虚 115
    工作是为了帮助别人解决问题 117

发现自己的"不知" 118

建立"知"的岛屿 119
    不学时，不知温良敦厚 120
    不学礼，不知分寸仪度 120

循时而教——三十而立

立的第一个条件：礼 124
    行礼要有真情善意 125

欲立必须学做君子　128

　　欲立必须忍让　129

　　欲立必须行义　131

　　人熟礼不熟　132

立的第二个条件：信　133

　　信是取得对方的信任与信赖　134

　　欲取信于人，必须先与人交心　137

循时而教——四十而不惑

招人厌恶将自断生路　138

四十岁必须自律不再招人讨厌　141

　　孔子讨厌的四种人　143

　　子贡讨厌的三种人　145

　　其他六种让人讨厌的人　146

　　让人感觉不愉快的三种行为　148

四十岁仍要行守道德　150

四十岁要分辨困惑　152

四十岁要远离抱怨　154

四十岁要谨慎收敛　156

循时而教——五十、六十、七十

五十岁要知天命　160

天命无常，所以要谨慎行事以保天命　161

天命无奈，所以要先尽人事以听天命　163

天命无私，所以要畏惧天命以尽自律　166

六十与七十岁如何度过　168

六十岁要倍加敬谨慎心　168

七十岁即能心与天合　169

成器是人生的一等大事　170

总序

《名家论坛》是山东教育电视台2002年推出的大型教育培训栏目,开播以来,先后有几十位国内外的学界精英登台演讲,他们渊博的学识、独到的眼光、睿智的见解、敏锐的思维、深入浅出的表达形式、引人深思的深厚学理、催人奋进的人生智慧,使《名家论坛》成为思想者的殿堂、管理者的精神家园,赢得了广大观众的欢迎和好评。

追求精品,打造品牌栏目,一直是我们努力的目标,《名家论坛》能为广大的观众提供各领域的前沿理论、先进经验,这是我们媒体的责任,也是我们的荣幸。

回首《名家论坛》数年来的风雨历程,期间的坚持与努力、执著与求索,是一件很不容易的事情,没有相当的信心和定力,没有各方面的支持,是断难坚持下来的。而今天得到广大观众的认可,而且青睐有加,要求将专家的讲稿结集出版,是我们推出《名家论坛》系列丛书的缘由所在,可以说这是意外的收获,也是我们当初所不敢奢望的。

电视有媒体的魅力,出版有书籍的芬芳。满足观众不同的需求，就是我们的动力和责任。也希望大家在观看我们栏目的同时，多读书，读好书。

最后，借此小序，请允许我代表山东教育电视台的同仁，向一直以来关心和支持我们的电视观众、读者朋友表示感谢，同时感谢我们《名家论坛》的各位专家学者，感谢我们的合作伙伴北京大学出版社博雅光华公司、北京时代光华图书有限公司。

山东教育电视台台长

自 序

还记得20世纪初时,一些出名的西化派学者认为,传统的儒家道德观罹患了"失败主义褊狭症",尽是崇拜一些失败的悲剧英雄(如岳飞、文天祥、史可法等),是导致民族衰弱与败落的元凶,所以必须去之而后快。为了要进一步迎头赶上欧美,遂以西方的成功主义作为价值导向,企图借以脱胎换骨、转弱为强。

整个20世纪,人们在"成功"的胡萝卜诱引下,义无反顾地与人争利,与地争资源,与天争命,一切的努力只为一个目的,那就是要"赢得成功"。为了成功可以不择手段,为了成功可以竭泽而渔,为了成功可以饮鸩止渴,为了成功可以出卖灵魂。20世纪西方的成功主义,借政治挂帅风潮,推动着人们以追求权力为崇尚,继之以经济挂帅的浪潮席卷了世界,带领人们勇于谋求财富。权力使人腐化,财富使人物化,终究造成了20世纪末的人们,生活浮华而空虚,生命无聊而虚无,生存危机而恐惧。人们因为失去了高尚化、道德化、神圣化、完美化的目标而产生严重的"失落感"。智者说:赢得世界,却失去了生命,是最大的愚蠢与失败。

现在的结果是，我们不但失去了自己的生命的意义，连仅有的生存空间——地球，也都岌岌可危了，真可谓到了山穷水尽的地步。但成功者的光影仍然是屹立不倒，仍然那么巨大，使人炫目。所有的人，几乎都很难拒绝它。

2010年6月，上海市的民调显示，80%的人认为"信用+诚实=吃亏"，这是典型的20世纪成功主义价值观影响下的现代启示录。虽然经验法则已经无情地通过许多悲惨的案例告诫人们，凡是不讲信用及不诚实的企业、团体或个人，都终将负债累累，甚至破亡，难以翻身，但人们仍然是前仆后继地宁愿选择"不吃眼前亏"的作为。

成功与成器的冲突，在这个现实点上明显失衡。人们明明知道"成器"更重要，却敌不过眼前"成功"的诱惑，而终于放弃成器。这正是当代美国汉学家所发现的中国文化的历史魔咒，即在历史的各个时代中，社会上总是讲道德的人多，而真正做道德事的人却很少。这反映出一个一直被大家所掩饰或刻意忽略的症结，那就是人们的"意志无力"及"道德冷漠感"。它导致我们的圣贤文化，仅仅只是一些坐而论道者的论述文化而已，并没有真正落实到社会生活里，成为真正有实体的活文化。过去如此，现在依然如此。在"意志无力"的软弱自我面前，"成器"只是用来装点门面的道具而已。

其实，孔子早就有见于此。所以《论语》全篇所记载的孔子精神，就是要扭转社会的这种错误风气，教化

自序

各色人等正确的观念：即成器不但不会与成功相左，而且先学成器更能积极促使事业成功，并借此以改变当时社会上所流行的"谋食而不谋道"的风俗价值观。他以自己毕生的经验为例，强调他从十五岁起就学得"励志"求成器，成器就是自我立命之道。以"人文"转化为入径，学习克己（礼）与立人（仁）的人道，经历三十、四十、五十、六十、七十等岁月的生活历练及生命领悟，不断地改造天性中的许多弱点，树立善化的习性，造就出真正属于自我能掌握的精神生命，如"而立、不惑、知天命、耳顺及从心所欲不逾矩"等的"德命"成就，它不会因受到任何外界的影响与操控而失去。它不像天命，只能受自于天；也不像爵命，必须受自于君王。一旦天与君王要收回成命，人是无可奈何的，就像俗语所言：天命无常，君威难测。它是完完全全的"自作自受"的"人命"，由人自己所立之命，完全不依赖外力。相对于天命及君命而言，它有更大的自主性及稳定性。唯有先赢得自身生命的成器，才能赢得不靠外力的、自己能掌握的、真正的成功，才能带来"不忧不惧"的平安与幸福。

其次，孔子又进一步指出，要做个成器之人并不那么难，首要在立志。只要立定"做君子"为终身志向，学习颜回坚持前进的道德感及意志力，即使遇有万难，也会因心有所往而绝不退缩，自然就能有成。可千万别像冉求一样，在听到做君子该有的修为之初，还没开始做，就先打退堂鼓，以能力不足为借口，为自己的"意

成器比成功更重要

志无力"找理由。可见,"立志"是孔学的主要操作关键,也就是操控自己的这颗心的认知、感情与决定。

西方有谚语说:

To handle yourself, use your head.(要操控自己,用你的头脑。)

To handle others, use your heart.(要操控别人,用你的诚心。)

更说:

Beautiful young people are acts of nature.(漂亮的年轻人是浑然天成。)

But beautiful old people are works of art.(美丽的老年人是艺术品。)

至于每个人如何在人生的各时段中坚持揉造自己,使自己成为美丽的艺术作品,如何去实际建构这种由成器而自立的"德命",正是孔子人生时教的精华所在。希望笔者的野人献曝,能让爱好中华传统文化的人,不但因此找到自己生命的出路,更能积极去突破文化的历史魔咒,使社会风气不再陷落于"成功与成器是无法合一之两橛"的误念中,人人都能自觉并有意志地追求"成器"的人生。若如此,则愚愿足矣!

赵玲玲

写于赫尔辛基旅次

2010年7月8日

前言

20世纪是个追求成功的时代,但21世纪却会是个追求成器的时代,因为人类终将再度找回智慧。在"置之死地而后生"的理性生命反省规律下,它将带来人类的平安与幸福。

20世纪追求成功的努力,造就了21世纪追求成器的醒悟。成器真的比成功更重要。有很多人成功,但因为不成器而终致失败,甚至失去生命与心灵的平安。

成器的人不一定有外在的事功,但他却有真正的幸福、充实的生活及生存的核心动力。

20世纪的英国历史学家斯宾格勒,在他的名著《西方的没落》一书中,开宗明义就说:"20世纪的西方是个没落的西方,西方的没落是智能的沉沦,知识的爆炸。"很不幸的是,东方民族大规模整体接触与接受的西方,正是20世纪没落的西方。连带的,一切的学习与模仿也都是20世纪的西方。而这种追随式的学习随着"西化风气"的普及让东方与西方一起沉沦,也随着西方的困境发现而重新寻找出路。东方的智慧吸引了诺贝尔奖的得主们,在20世纪末的一场集会后,得出"21世纪

成器比成功更重要

是中国人的世纪"的预言。就是这句预言,使得寻找出路的方向指向了中华古圣先贤。

于是近年来,小儿诵读《三字经》,成年人,尤其是企业家们学习四书(《论语》、《孟子》、《大学》、《中庸》),成为当下的流行;而听讲《史记》与观看《三国演义》,更成为热门时尚。但在古籍中,圣贤们所传授的人生智能与终极价值,完全与时下所认知的"成功"价值观背道而驰。两者之间,究竟该何去何从,到底该如何选择是好,正严峻地挑战并考验着每一个当代人的觉性与意志。

今人都说成功好,但是在《论语》中孔子却以"功大而器小"来评论管仲的一生功过。在孔子的眼中,管仲虽然有纠合诸侯、一匡天下的大成功,并且也曾给予最高的评价说"微管仲,吾其被发左衽矣"。但孔子也严厉地细数了管仲许多不成器的致命缺点,并认为就因为这些缺点,导致他辅佐齐桓公所造就的不世霸业——齐国的国富民强,只能维持四十年而已。由此可见,孔子认为"成器"显然比"成功"更重要。

今人都说成功好,但是为什么历史上屡建赫赫事功的帝王将相不计其数,而能得善终者却微乎其微?西楚霸王项羽就是一个鲜明的例子。他有"力拔山兮气盖世"的能力,但却因"器小",而终究只能落得个"无颜见江东父老"的自刎下场。这又证明了"器大"比"能力大"更重要。

今人都说成功好,但是为什么最具评断性权威的史书——《资治通鉴》（国学大师章太炎将其列入必读的七本古籍之一），标榜的却是"不以成败论英雄"的史观？难道说，论断一个人是否为"英雄"，还有比"成功"更重要的标准吗？

今人都说成功好，但是孔子却在对答鲁哀公及季康子之问时，只称赞颜回为弟子中"唯一好学"之人。孔门弟子三千，其中不乏在政治上有权势有地位的公卿大人，在经济上很成功的大商贾，而颜回只是个"一箪食一瓢饮"的穷人，甚至到死的时候还没有钱买椁木下葬的穷小子，但孔子却因为唯有他能做到"其心三月不违仁"的君子儒的境界，所以只承认他是及格的学生。其余的，如子路、子贡等人都只不过是些登堂而未入室的弟子；等而下之的，充其量也只能算是个普通弟子或门人而已。孔子特别要求其弟子们，"要做君子儒，勿为小人儒"。而君子儒与小人儒的关键差别，就在于能否真正将自己揉造成"大器"上。

成功与成器，从来不矛盾，但是从重要性上，成器却是比成功要紧的修炼。成器能让我们所努力成就的事功不朽，更能让我们不至于"功亏一篑"；成器能让命运不济之人仍然有成为"英雄"的可能；成器更能让人不受外在条件的限制，成就自己有格局、圆满而精彩的道德生命。

"成器"的课题，过去向来很少有人注意，在本书中，笔者尽量搜集整理孔子在《论语》中教导世人的成器法门，分享给对生命造化有兴趣的人士。

第一章　生命是可以改造的
——人人皆可成器

　　为什么有那么长的一段时间，许多人对孔子不了解，许多人徘徊于孔门之外，许多人学了之后，没有办法领略其中的精妙？就是因为心不在焉。

首先，我要谈到的是孔子的教化。

孔子被称为"至圣先师"。孔子的教化有两个特点：第一，他相信人的生命是可以改造的；第二，人可以通过人文之道学到人文的方法，具体改造自己的生命，在人生的不同时段用人文的方法修正自己，就可以达到所谓的"嘉美亨通"的境界。

什么是"嘉美亨通"的境界？就是获得赞许、美善并且顺利通达、没有挫折的境界。孔子说："文质彬彬，然后君子。"君子之道，就是所谓的嘉美亨通之道，而人文之道就是"文质彬彬"。把"文"加在我们人的本质之上，达到文质相融相合的效果，就可以做成我们的君子生命。而这个有君子德行的生命是我们自己立志用心学习、造就出来的人文生命，它可以使我们的生命存在，获得赞许、美善并且顺利通达、没有挫折。

人人可以改造生命

学习资格上人生而平等

孔子一生大部分的时间，主要精力都是在聚徒教学，尤其是周游列国回来之后，他积极地删《诗》、《书》，定《礼》、《乐》，作《春秋》，同时赞《周易》的《十翼》，也就是《周易》的《十传》，是孔子对大易之道了解之后所提出来的总体性的心得和指导。

孔子是有系统地教导古代典籍的第一个人。《史记·孔子世家》中特别提到，孔子以诗书礼乐来教弟子。他的弟子有三千人，其中最出名的也可以说是深通六艺的，有七十二人之多。

孔子也是第一个私人讲学的人，可以说，是开了私人讲学之风气，为教育之楷模。而他主要的教育，是针对不同的人用不同的方法给予指导，让教育的对象能够成才。因此，孔子是任何人都需要的生命导师，不是某一类人才需要的生命导师。

我们经常会把孔子的"有教无类"挂在嘴边，但是，到底有教无类到什么程度，我们似乎了解得并不见得那么多。下面简单地解释一下。

孔子的徒弟没有特别集中的一类人群，有贫贱的穷人，有商人，甚至有犯罪的人，而官员、真正的读书人反而是少数。孔子是真正做到了对受教者无分贵贱、一视同仁。而这一点，在几千年中真正能够彻底实践的，也只有孔子一人。皇侃《论语义疏》里面对这一点有所解释，孔子之所以愿意教导所有人，既不以财富多少来区别，也不以聪慧程度来划分，是因为孔子认为教之则善，只要你教他，他学会了，就会变善，就会向好。任何人本无学习资格上的差别，人本无类别。

> 教之则善，只要你教他，他学会了，就会变善，就会向好。任何人本无学习资格上的差别，人本无类别。

心不在焉就会学无所得

《论语·述而》中谈到，只要"自行束修以上，吾未尝无诲焉"。换句话说，孔子虽然什么人都教，但是还是有条件的。第一，受教者需"束修"。即孔子并不是从幼童教起，受教者需15岁以上。第二，受教者需"自行"。也就是说要自动自发，有主动学习的意愿，有积极向学的动力。孔子强调"自行"，就是说通过自我检点和反省发现自己有所欠缺时，肯主动上进来学。只要是满足这两个条件的人，孔子都会教。

所以，孔门之教，必须是有心人才能学得会的；孔子之教，必须是有自省，有自觉，感知自己有所欠缺，才能够学得会的。自满、自大的人，或者是根本就不以为该学、

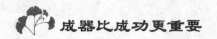
成器比成功更重要

想学的人,也就不必学了。人文之教的起点,在于每一个人的自觉,在于每一个人的自求,这个时候才可以真的进入到孔子的精神,领略到孔子文化的神髓。

南郭惠子曾经问子贡:"夫子的门下,为什么那么多杂人啊?"子贡就回答说:"因为孔子本身正身以教。"也就是说孔子是以身作则,他自己本身就是一个正人君子,用他的君子典范来教化,所以来者不拒。要去的,他也不强留;要来的,他也不拒绝。总归一句话:学生是主动地来,他会接纳;如果不想学,也可以主动地去,他也不强留。就像良医的门里多病人,刨木工具(矫正弯曲木材使它平直的工具——檃栝)旁边多弯木一样,夫子的门下弟子很杂。

在孔门之学前,学习最重要的是有心。我们可以理解,为什么有那么长的一段时间,许多人对孔子不了解,许多人徘徊于孔门之外,许多人学了之后,没有办法领略其中的精妙?就是因为心不在焉。心不在焉,万事都不能成,更何况是学习孔子的时化之教。

人人皆可成器

通过改造自己成功才叫真英雄

孔子教导弟子,到底教导些什么呢?孔子的人文之教,最看重的是,让每一个人反求诸己,重视自己的生命,重新审视自己的生命,能够了解自己生命的限制,了解生命可以自我造化的机会，并掌握改造的方法，所以孔子的人文教化，是极度关怀生命的生命教育。

我们距离孔子已经有了两千多年的时间，全世界的人依然在关怀生命。虽然今天我们拥有了更高的科技，拥有了所谓的财富，但是面对生命的时候，很多人还是彷徨的、苍白的、无知的、恐惧的。不管位阶多高，不管在人前多么显贵，在独自面对自己的时候，有多少人能安详和坦然？孔子的生命教育，在今天这个时代，我认为不仅对于中国人有用，对整个人类都是极端有价值的教育。

> 孔子的人文教化，是极度关怀生命的生命教育。

孔子之所以会对受教者无所限制，无论多穷多苦的人都来者不拒，是因为孔子认为英雄不怕出身低，能通过改造自己成功的，才叫真英雄。他认为人只要对自己积极塑造，不但能够改头换面，还能够脱胎换骨，甚至于彻彻底底地成为一个君子。这也就是说，不论你原先有多少缺点，只要你虚心受教，只要你真心跟随，都能学到孔子的人文方法。

我一再围绕着"人文"这两个字，我后面会详细分析，什么是人文的内涵，什么是人文的方法，人文到底是个什么样的东西。

孔子特别强调，要让自己成为别人喜爱的人，更要让自己成为别人需要的人，这样可以把自己的生命扩大，让自己的生命在别人的心里留下来。就像2560年过去了，孔子仍留在我们的心中，他的生命超过了其他没有德行的人，不管那些人曾经多么显赫。当我们成为别人喜欢的人、别人能接受的人，或者是成为别人需要的人的时候，我们的生命的广度扩大了、深度加深了、长度延长了、亮度也增强了。

因为我的存在，我留下了不可磨灭的痕迹，这是每一个人都应该对自己有所交代的事。人若如草木一秋，生长了又凋谢了，匆匆过去，黯然湮灭，没有人记得，什么痕迹也没留下，在孔子看来，这是一种失败的人生。

改造自我才能超越不足

在教育之前人人平等，孔子是最伟大的实践者，也是深刻的哲学家。人的生命是否圆满，实际上操之在我。人人都可以通过人文教化，通过理想的正道，使自己得以突破局限，无论是外部的，还是内心的，无论是外界的紧张，还是天生的不足。

人有很多不足：能力的不足、心量的不足、气质的不足，我们受时间、空间的限制，就像庄子曾经说过的，"夏虫不足于语之于冰"。对一个夏天生、夏天死的虫，你没有办法跟它讲冬天的冰是个什么东西。我们人的生命，也受时空的限制，因此我们的所知也非常有限。要想让我们的生命突破这些局限广而大之，就需要通过所谓的人文教化来实现。

儒家有一位非常重要的思想家荀子，就特别对此做出了说明。他说人的本性不能自美。就是说，人一生下来不可能像圆规一样圆得那么标准，像方正的方矩一样方得那么棱角清晰，必须通过淬炼，才能成为充分的浑圆或者正方。人要达到美，必须有自我的改造。

铁经过铸造可以成钢，百炼成钢之后，就可以坚韧不摧。钢铁如此，人也是如此。人经过了淬炼般的自我改造之后，可以成为一个善人，一个美人。美并不是外表漂亮、靠化妆实现的美，而是人的气质风华的培育，它可以让人感觉到无限的优美、优雅。现在有许多人，唯恐老去之后变得不美而去美容，其实内心的提升和淬炼，才可以让人有超越外表的永恒之美。

学习对生命有所改善的"道"

把人文的礼义加诸在朴直的人性之上。礼义就是人的加工品，把这个加工品加在人的本性之上，本性跟人的加工合二为一就叫做"伪"。我们现在讲所谓伪造的"伪"，就是指人做的、人造出来的，也就是这个意思。荀子说性伪合就是善人。即人造出来的礼义，加在原来自然的人性上，他就可以成为一个非常好的人。我们要知道的是，"伪"在儒家的体系中，并不是负面的，而是和人的本性不同的，个人的改造和努力，而这个字在今天却基本上变成了一个彻头彻尾的负面的词。

人文的礼义，就是人如果能够依照人道行事，去改造自己的本质，换取永恒的美，就是人文之教。孔子所有的精华，都是在强调人文到底怎么做，人文的方法是什么，人文在进行的时候会有哪些偏差，人文的过程当中会有哪些需要持续关注、不断修正的地方。人文听起来很容易，其实包含很多的技巧，也是非常大的挑战，必须通过坚韧而有耐心的学习才能学会。

闻道跟行道就是学习人文的两大途径。闻道的意思就是听道，了解人道。如果你不知道，你就没有办法判断、做正确的抉择。我们常说"不杀不知"，"不教而诛谓之虐"。我没有教你，可是我就说你做得不对，这叫"虐"；要先教你，教会了，你懂了，然后你要去做。后面的章节会介绍，该闻的是哪些道，该行的又是哪些道。

> 人如果能够依照人道行事，去改造自己的本质，换取永恒的美，就是人文之教。

孔子特别强调学道。他有句著名的话，"朝闻道，夕死可矣"，说明了闻道的重要性。孔子也特别提到，如果闻了道而不能行，那么知道这个道也无用，所以必须是可行之道，闻之方为有用。因此，要去学那些可以让我们做的道、让我们做到以后对自己的生命有改善的道。孔子反对空谈人生之道，反对嘴上做功夫，身上无行动，因为这些离人丰满生命的目标很远。我们可以知道，如果孔子活到今天，会多么厌恶仅仅"头头是道"的人，他们实际上是在以另一种方式残害生命，让人觉得道是一个遥远而虚伪的东西。事实上，道一定是可实行和有效的。

牢记生命最重要的目标就是自我"立命"

孔子的人道，到底包含些什么内涵？没有人不重视生命的永恒和美好，也没有人不重视生命本身的光彩，人文之道就是要帮助人建立人的格局、人的圆满、人的光彩，使得我们自己成为一个有格局的人，圆满而有光彩。

第一章 生命是可以改造的
——人人皆可成器

孔子所要用以达成人文目的的道，简单来说，就是三个：第一，成器之道；第二，生生之道，也就是改过之道；第三，成德之道，让我们有德行，能行走于人道之中，没有偏差，不会走歪路、做错事。这三个道，就是孔子所要强调的人道。

"道"是我们耳熟能详的，但是，其意到底是什么呢？我们来看这个字：它的右边是一个"首"，也就是头的意思，意谓人要用理性来判断情境，决定行止。左边是辵部，意思就是行止，乍行乍止，忽停忽走。也就是说，人生的道路不是一直走的，有时候要停下脚步来反省自己，然后再往前走。所以曾子常说："吾一日三省吾身。"要了解自己当下的情况，才能定夺下面该怎么走。因此"道"指的就是人要走的路。人该停的时候要停，该走的时候要走，不该走的时候就不能走，不该停的时候就不能停。所以，在停和走中间，什么是应该，什么是不应该，就是学的关键。

> 人该停的时候要停，该走的时候要走，不该走的时候就不能走，不该停的时候就不能停。

近代的熊十力先生，特别对"道"字做了一个解释。他说这个道，不仅仅是要让我们能走、能停，走跟停还要达到一个目标，否则就没有必要走。所以每一个道，都应该有一个目标，而从这个目标建构之后，就有到达这个目标的路径，所以道指的就是那条路，道也兼指那个目标。因为路径与目标是合二为一的。无明确的目标则路径是很难统一及累积的。

所以道最重要的价值是它的目的，这目的就是至善。而道的重要实现，则是显露在我们实践过程中的，它是使我们朝着目标方向一步一步落实的真生命。凡是不能达到至善目标的，都不叫做道；能达到至善目标的才叫道。这个至道是我们这一辈子始终都不能忘记的目标。唯有它，才能让自己的生命有价值、有意义，通过自己的努力能够延续、绵长，能够不朽，人道就是让人的生命不朽之路。

如何能够让自己走过一生之后达到不朽？我们要用一生的时间，一路走下去。该停的时候要停，因为路边有很多诱惑，有很多岔路，我们走着走着就走歪了。要极为谨慎小心，我们才能够平安地达到生命最重要的目标上——那就是善。

人道是人的一生中为达到善所该走的路。在孔子认为，人的一生因为年龄的不同，遭遇的困难不一样，受到的诱惑不同，遇到的障碍也不同，人在不同时段所需要的人道也会有所不同。这也就是为什么我们要特别看重孔子的人生时教中这个"时"字的缘由。人在少年、中年及老年时的需求、生理及心理是不一样的。我们说"少不读《红楼梦》"，是因为少年之人，心性比较浮躁，血气还未定，不适宜读。到了壮年，血气刚猛，不适合读《水浒传》。人的年龄不一样，心性不一样，人要约束改变或强化增进的修养也就不一样。这就跟医生治病一样，依年龄及身体状况的不同，对症下药，有什么病就要治什么病。

孔子的教育对象是人，而教育的目标是让人成为一个善人。通过人道，通过通向至善的这条路径等方法，教给我们修正可能的错误，排除学有偏差之后所给我们带来的一些危难与困顿，这就是孔子的人文之教的主要方向。

　　孔子的人道包含哪些？人的一生该走什么样的道路？这是我们下一章要讲的内容。

第二章　生命最大的价值
——为爱别人而活

> 生命的最大价值，是为爱别人而活，人只为自己而活是不对的。人要活下去，必须靠别人的爱；别人不爱你，你就活不下去。

上一章中，我们谈到了孔子的教化，就是人文的教化，也就是通过礼义的人文手段，在我们朴素的生命本质上，能够加以改造，化成精彩的、圆满的、有格局的人，而向着这个目标所行的道路，我们就称之为人道。人道到底包含些什么？人道本身到底有哪些作用？

首先，我们来看《易传》中的解释。《易传》是孔子在回到鲁国之后着意用功的，他是赞《周易》而写了《十传》，所以《易传》应该可以代表孔子非常重要的思想。

孔子自己曾经说过，他五十学《易》之后就可以无大过，所以他对《易经》的评价是非常高的。《易经·说卦传》中特别提到：昔者圣人作《易》的目的就是告诉我们，有立天之道曰阴与阳，立地之道曰刚与柔，立人之道曰仁与义。他很清楚地告诉我们，人道就是仁和义。在后面的章节里，我们会讲什么是仁，什么是义。

要知命更要会转命

人道能起什么作用？人道就是人用来自我运化生命的门径。

道本身就是一种路径，就是要让你走的道路。它有一个方向，有一个目的，那么，人道的目的是什么？就是来运化我们的生命。"运"是操用、操控，自己能够运作；"化"本身就是一种变化，《易经》之所以称之为《易》，指的就是能变化、能改造。

前面我们已经说过，孔子的人文之教，其实就是教我们改造生命的教育，现在我们就来看，它怎样来运化我们的生命。

《易经·说卦传》第一章就特别谈到，以前圣人写《易经》的时候，就是要教我们"观变于阴阳而立卦，发挥于刚柔而生爻，和顺于道德而理于义"。他说，我们要去观察天道的变化，在刚柔的动静中去发挥变化，要在地道里面去了解怎么去应用，最后和顺于道德而理于义，那就是人道了。我们要观察天时、观察地利，要知道人和，这就是人道的关键。

一个人不能关起门来闭上眼睛说，我学人道。那样是学不会的，要睁开眼睛，开阔你的胸怀，开阔你的意境，你才能够把仁学会。《说卦传》第一章里还谈到，"穷理尽性，以至于命"，穷理尽性，最终可以改造人的命运。这也就是说，观变于当下时，能够在了解外在的变化中来审度我自己的进和退——时该进的时候，我就进；时该退的时候，我就止。我的进跟退，跟外在的环境要同步的。

人在改变自己的时候，也要随着角色的转换而能有所变化。许多人会在某些时候做这一方面很成功，可是做那一方面又很失败，因为当他角色转换的时候，他没有抓住"随之而变"的原则。我们常常看到，在商场上，在社会上，非常能干的女士，我们称为女强人，在家庭中她们有时候很失败，或者在儿女面前有时候不成功。什么原因？你不能拿职场上的姿态来面对儿女，因为你跟儿女的关系是母子，跟丈夫的关系是夫妻，不是你在职场上的那个角色——董事长或者总经理、主任。你要处理的是情分上的事，而不是事情上的是与非、对与错，所以当角色转换的时候，你要与时俱变，才能够每一方面都能调整得很好，而达到和谐的效果。

人道的关键，就是你自己要做一个自我转换，观察时变，审度进退，再依照"义"的原则来梳理道与德，使得言行能达到与时变相应的和顺结果。顺应道理，顺应应然性去做，之后你的行事作为，包括做人、待人、处世，才能够达到好的境界，进而你就能够改变你的命运。

命运应当反过来讲，命是让你运的，命是你能够去运作的；所以人道就是运命之道。命本身虽然是受制于外，是你的能力不可抗拒的，但是你可以运化自己的心，运化自己的对应态度，能够化凶为吉、化险为夷。这个化字就靠人了，凶跟险也许是原本存在的，但是后面的转化就靠人。

如果你的人道不行的话，虽然老天给你好处，给你吉，给你顺，但会因为你运化得不好，而变成了凶，变成了危难。人道本身，可以决定最后的吉凶祸福。外来的吉凶祸福，或许不是你能决定的，但是通过人道的运化之后，你是可以转也可以化的。

你要知命，同时，你要去转命。不知命，你没有办法转命；不知命，无以为君子。《易经·说卦传》说到，人力所无可奈何的命，能够用心去运化它的时候，就能够产生自乐的结果。也因为这个运，而能够使得人开始造化生命。因此，我们说人道就是人的化生之道——转化生命之道，造化生命之道。人通过了识时，就认识了外在的客观状态，再通过了顺时为用，顺着这个时来采取适当的对应改造方法，使之符合善生的结果。所以俗话说：识时务者为俊杰。

> 命本身虽然是受制于外，是你的能力不可抗拒的，但是你可以运化自己的心，运化自己的对应态度。

比如，天气很冷，有人给了我一个暖风机，我就不冷了。这就是应变。外面气温有变化，人也会有很好的对应方法，使自己在一个泰然舒适的处境中，这就是人的智慧的作用，也是人道对人的吸引之处。所以说，人道就是人用来自我运化生命的门径。

自救自助才能转变命运

人道是可以改换人生穷困状态的道路。

人道既可以把穷困的转化成为顺利的，也可以把原来很美好的变成非常坎坷的,这都是人道的变化。清朝的易学家焦循清楚地提到,《易经》之道是教人改过之道,能让人产生"死可以生、乱可以治、绝可以续、凶可以吉"的转易效果。

人都不喜欢乱,不喜欢绝(就是走不通),人更不喜欢死。学人道,就可以让你把凶变吉、死变生、绝化成续、乱化成治,而吉、生、续、治的生命状态,就是人生幸福的最好状态。

这个状态不是天生的,是要靠我们努力学人道造化成功的。所以这条路需要你自己走,这条路尽管铺在那个地方,你不走,它仍然是别人的路,不是你的路。千万不要看到别人很顺,就抱怨为什么自己不顺。《增广贤文》里说:"自恨枝无叶,莫怨太阳偏。"你不要怪太阳一直照着你,照得你全身发热,你自己把叶子长多一点儿,不就不热了吗?自己的努力,是行人道的根本之道。所以人道的唯一途径,就是自助、自救。唯有自助者,才能天助;唯有自救,才能把你的问题真正解决掉,超越困难艰险等极境,达到吉祥,生意盎然,有条不紊、永续不断。不要等待,不要期待别人帮你解决自己的问题。

> 人道的唯一途径,就是自助、自救。唯有自助者,才能天助;唯有自救,才能把你的问题真正解决掉。

改过避祸才能人生无咎

人道就是帮助人改过的避祸之道,是通往无咎人生的必经之路。

我们常说要去追求幸福，与其追求幸福，不如躲避祸患。你有很多的福，但是一个祸患就可能让你活不下去了，你既有钱又长得漂亮，得意非凡，可是，当一个祸患降临的时候，你这原本骄傲的一切，统统都不管用了。

因此，避祸比求福更重要，而人道就是帮助你避祸之道。能使人趋吉避凶、转危为安的道，就叫做善补过之道，这就是前面所说的"成器之道"、"生生之道"和"成德之道"之中的第二个，所谓使生命得以生生不已的人道。

人能够通过补偿，弥补自己的过错，从而抓住无咎的人生。无咎就是没有过失，就是没有灾难，就是不被责备、不被处罚。"咎"这个字，有很多种解释。有个词叫"引咎辞职"，这里的"咎"就是指我们的过失；有个词叫"咎由自取"，这里的"咎"就是指灾祸。灾祸是怎么来的？不是来自外界，而是我们自己做错了。我们会被别人处罚，是因为我们有过去的错误，所以我们说，待人最好是"既往不咎"，对已经过去的事，就不要再处罚和责备别人了。无咎的人生，就是没有灾难的人生、没有过失的人生，是不会被别人处罚、不会被别人责备的人生。这样的人生，就是幸福的人生，是不朽的，是永恒的。

人道就是让你通往无咎人生的必经道路。金钱不可能让你无咎，地位也不可能让你无咎，只有仁义之道才能让你无咎。无咎是让自己通过人文自我改造之后，因为自己的善于补过而使得自己的过错尽量减小，自己受到的伤害也能够尽量减少，远离灾祸，免予责罚。

《周易·系辞下》第十章谈到："文不当，故吉凶生焉。"当你的人文做得不恰当的时候，吉凶就开始有了变化。所以文得恰当与否，关系着你的吉凶。永远不要做会令自己后悔的事。

吉凶之后，紧接着就是要知悔知咎。这也是孔子所说的人道的第二个关键要点：人要知悔知咎。人在得意顺利的时候，往往会对碰到的一些危机，或所做的一些有小瑕疵的事不以为意，觉得此番正在顺境，有权有势，什么都不怕。于是种下了祸苗，后患就跟着来了，给失势埋下了伏笔。这就是不知悔的后果。而人在逆境的时候，常常畏头畏尾，更有甚者，往往会为了突破困境，什么都可以出卖，包括自己的灵魂。这种做法，事后也会招引很多灾难、很多责罚、很多波折。这就是不知咎的下场。

> 金钱不可能让你无咎，地位也不可能让你无咎，只有仁义之道才能让你无咎。

知悔知咎，一定要在行事抉择之前，而不能在后，在后就变成后悔了。我们常说，千金难买后悔药，祸已经闯了，过失已经造成了，处罚也已经来了，生命也因此而中断了，后悔没用了。那么应该怎么办呢？妥善地行使人道，防患于未然，能使自己的人生无灾无祸、平安通顺。这就是孔子教化之所以深获人心且历久弥新的原因所在。

改过无咎才能希望成真

人道也是人的希望之道。

人的希望之道，也是人通往幸福的唯一道路。通过自救，通过自己达到无咎，善于补过达到无咎，你的幸福就掌握在你自己的手中，你的一切希望也就掌握在你的手中。

莎士比亚说，人是为希望而活的。现代的人都喜欢说，人是为梦而活的，我个人不苟同于这个说词。人不要为梦想而活，因为梦想的意思就是永远不能成真。等到梦成真的时候，那还是梦吗？醒过来就不叫做梦了，所以我觉得还是用"希望"这个词，更能代表生命的真实性，而减少一点梦幻性。

我们应该让自己一步一步、有计划地朝着有希望的生命方向走去。因为这个希望牵引着我们，我们不会感觉到无聊和痛苦，也永远不会感觉到彷徨和失落。人生的这条路，是任重而道远的，但是只要你坚持朝所希望的走，就一定可以走到那个目的地。

它是一个可以到达的人道，不是一个遥不可及的、渺茫的、虚无的目标。孔子之道之所以可贵，就在于它的能实践，真的能够达成它。

真正做到为别人着想

既然孔子所讲的人道，是可以让生命不朽的，那么人道的内涵包含什么呢？就是所谓的仁与义。

仁是什么？整部《论语》里只有一句话："夫仁者，己欲立而立人，己欲达而达人。""夫仁者"这样的说法，通常是在给概念定义时用的，孔子尽管在《论语》中讲了一百多个仁字，但是就只有这一句是这样的说法，所以我们可以把它视为孔子自己对"仁"所下的定义。

"己欲立而立人,己欲达而达人。"这句话明确指出:行人道分为两个境界:第一,"己立"、"己达";第二,"达人"、"立人"。

第一个境界是自己的,第二个境界才是"仁"。孔子所谓的"仁",不只是你自己立了、自己达了,你还要达人、还要立人。单单己立、己达是不行的,己立而且还要立人,己达而且还要达人。

我们先谈什么叫做立。立就是自己能站住,就是要靠自身的学有所成、德有所用,让自己立足于社会之上,而不必倚靠、依赖别人。

"达"是什么呢?达就是做事情很通达,没有滞碍。而这样的品行,不论是在家、在邦还是在国,通常都是行得通的。所以"得"字,就是道德的德的另外一个含义,就是行得通,得到通达的效果,因此就叫做有德的人。有德的人,是一定能够通达于人世的。

子张问孔子,什么样的人能称为"达"?是不是一个有名的人就叫做"达"呢?孔子说,不是,你所说的只能算"闻","跟"达"是不一样的。"闻"是被人知晓,在家族中出名的、在整个社会很有名的、在国家间非常出名的人,不一定就是达人。因为他往往表里不一。他自我标榜是个有仁心仁行、替别人着想的人,而实际上,他的行为和动机却并不是如此,可能是私心自用。闻人只是有名,看起来好像替别人着想了,但那只是一个假象。所以名人最致命的地方,就是名实不符,一旦被别人发现了之后,马上就变得臭名昭著,所有的人都不容于他,那是比不被别人所知更惨的。

达人是什么样的人呢？第一，必须很正直；第二，做事很正义；第三，遇到事情的时候要讲理；第四，善于去体会、观察别人的言语跟心声。人最要命的是别人讲话你不听。我们看到很多地位高的或者有一点儿成就的人，别人讲话的时候，他说"我知道了"，其实他压根儿没听进去。这种人绝对不会是达人。达人会很真诚地对待别人。别人讲的话，你要听懂，并且能听进去。不要用你自己的意思去曲解别人的意思，这会造成误会和彼此的隔阂。

要善于体察别人的言语和心声。现在连亲子之间都沟通不良了，为什么？儿女常说你不懂我的心，因为有代沟。这个代沟就成了大问题了，为什么会有代沟？是因为你没有去体察儿女的心情。

第五，还要能够洞悉别人的内心感受。所以《菜根谭》里说，当你要去教导别人的时候，要"思其堪受"，也就是要注意别人的感受。你如果疾言厉色地骂人，不管你说的是否正确，别人都是不能接受的。教育之道，是要处处考虑，了解受教者的感受，了解他的需要和心声的。

第六个重要的德行是，教人者或居上位者，在面对任何人时，都要有忍耐之心，懂得对人退让的道理，处处考虑对人退让，绝不贡高我慢、骄傲凌人，能奉行此道的人，才能成为达人。

具备了以上所讲的这六种德行的人，他岂能不处处通达、事事通达，到处都行得通？自己立了、自己达了，还不算是人道的最高境界，人道的最高境界，是要达人、要立人。

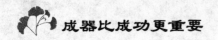

所以达人跟立人，基本上就是"仁"。

孔子说，人要做成"仁"道的时候，那就做成人了。处处只为自己着想，不为别人着想的，绝对不是孔子所讲的仁人。

做君子而不做圣人

孔子的"仁"会不会太高了，我们做不到怎么办？孔子的弟子们也有过这样的误解，在《论语》中，孔子亲自解释说，他所讲的"仁"必须是人人都能做到的。换言之，孔子的教育是强调"人人都能实行"的时教，而不是立意很高却做不到的空想，所以他鼓励大家学做君子，而不是圣人。通过两个例子我们可以很清楚地说明。

第一个例子出自《论语·宪问》。宪问去问孔子："如果有一个人对不起我，我心里很抱怨他，我以德报怨好不好？"孔子说："不必，以正直报怨就可以了。如果以德报怨，那以什么来报德呢？"他对我那么坏，我还要以德报怨，这是违反人性，只有有人无己的圣人才做得到，普通人是做不到的。所以，孔子说，以直报怨就可以了，就是仁了。

第二个例子出自《论语·雍也》。子贡有一次问孔子："如果有一个人能够为别人完全付出，使得别人能够完全获得，你觉得这样的人能不能够算是仁呢？"孔子说，有人无己的德行，境界太高。仁道是要让大家都能做到才行，换句话说，人道是每个人都能走的道，这才是真正的人道。

每个人都能走得通,每个人都走得过去,每个人都能到达目的地。这就是既不损人又不损己,这种人己两立的价值观,可以说是当前全世界最好的价值观。

既要利人又要利己

在经济学理论里,有利己主义的价值观,而宗教宣扬利人主义。利人跟利己的两个极端当中,损人利己或是损己利人,都是对人性的挑战。而孔子所讲的是利人又利己,既对别人好,也对自己好,这种人己两立的价值观,才是真正行得通的。

积极提供有利于对方生存的条件

所谓人己两立,也就是"仁道"。这种价值观的行为模式是"以自己的心"作为基础,以将心比心为依据出发的,这也就是推己及人的恕道。子贡问孔子,能有一个终生可行的仁道吗?孔子回答说:那就是恕道了。因此恕道是落实立人、达人德行的根由,是爱人之道的核心动力。

而这个推己及人的恕道,跟孝道是不太一样的。孝道是用于有人伦关系的人与人之间的人文之道、互生之道。比如,父母跟儿女之间要"互生",让父母也生,让子女也生,让彼此都能得其善生,无咎地活着。而恕道则是用在没有任何关系的、不相干的人群之间的互生之道。

孔子所提倡的互生之道,与时下西方所流行推动的共生、双赢之道不同。互生是积极地提供有利于对方生存的条件，使对方的生存能获得更大的保障与美善。到孟子时，甚至提出先人而后己的济世救人情怀的主张。它与共生之道仅仅主张不伤害对方的生存、消极地保障彼此并生的态度，是不同的。

人与人之间的互生之道，通过孝道、恕道，可以使有或者没有亲缘关系的人都能够互生。这就是孔子学说的最大的一个目的——使社会安定、家庭和谐、天下和平。总之，孔子所谓的仁，是成己成人，是人己两立的思想。而这样成己成人的大爱，是人道的最根本可贵之处。

为爱别人而活才能活得有价值

人为什么活着？其实生命的最大价值，是为爱别人而活，人只为自己而活是不对的。人要活下去，必须靠别人的爱；别人不爱你，你就活不下去。到了医院，你要靠医生跟护士爱你，如果医生跟护士愿意竭尽所能救你，你才有生的希望；如果医生和护士不爱你，那你的生命就岌岌可危。到商店里，你给孩子买奶粉，要靠做奶粉的人爱你的孩子，否则你买回来的奶粉可能就让孩子吃了受罪。所以，别人爱你，你才能活得很健康，你爱别人，你的生命才有了价值，有了意义。因为你给了别人生存所需的希望。

> 生命的最大价值，是为爱别人而活，人只为自己而活是不对的。

"仁爱"里强调的"爱"，是真正对别人有实质意义、有实质好处、有益于他人生命的爱，这叫做真爱。我们千万不要做"爱之适足以害之"的笨事。我们在很多时候，并不知道什么是对别人有利的,什么是对别人真正好的,所以我们常常是有了善心却做了坏事,因此要避免这样的情况发生。如何避免这样的情况发生呢?下面一章,我们会详细讲述。

第二章 生命最大的价值
——为爱别人而活

第三章　心怀天下关怀生命
——超越时代的价值

人的生命，就是孔子唯一在意的对象；
而如何更美好地造化人的生命的存在，这个
永恒的课题，正是使孔子的教化不朽的元素。

在第二章里，我们特别谈到了人道，其实就是人文的生存法则之道，也就是人文的互生之道。这样的人道，在今天的时代是不是还有价值？

十年前，我在台湾的时候，曾经有很多人对于儒学、孔子的思想能否用于今天有很大的疑问。很多人质疑，时代不同了，孔子的思想会不会已经过时了？下面就来谈谈这个问题。

超越时代的永恒课题

孔子的思想，其基本是为天下而教人文。换句话说，他的人文之道、他的人道，目的是治理天下之乱，化解天下之穷，同时完成天下之善。也就是说，孔子是为了治天下之乱、化天下之穷、成天下之善，而来教导人文之道，所以，针对每一个时代的人所犯下的错误和产生的弊端，也就是时代之弊，他可以帮助我们去做有针对性的改善。

当初孔子以化成天下作为人文之教的目标时，他就曾经说过这么一句话："天下有道，丘不与易也！"就是说，如果天下有道，我就不必改变了。当时是东周之后，社会非常混乱。所以孔子说，正因为天下无道，所以我才提出改善的方法，让一个混乱得让人失望的社会，让一个颠沛流离、困扰不断的时代获得改善。

在今天的时代中，就没有令我们忧心的乱象，就没有穷而行不通的问题吗？今天是不是每一个人都觉得自己已经成为善人了呢？翻开报纸，天天都可以看到很多的问题。只要社会上还有乱、只要有穷困不通、只要有不善的存在，孔子的人文之教就有用。这不只是某一个国家、某一个地区的问题，在世界各地都广泛存在，正因为如此，也广泛需要孔子的教化。

> 如何更美好地造化人的生命的存在，这个永恒的课题，正是使孔子的教化不朽的元素。

因此，我个人觉得，其实孔子的人文之教，不会因为农业社会发展到工业社会、信息社会而变成了无用之学。只要人还是人，只要人还是这个社会的主体，孔子的教化和智慧，就值得我们深入研究，亲身体察。因为人的问题，就是孔子关怀的问题；人的生命，就是孔子唯一在意的对象；而如何更美好地造化人的生命的存在，这个永恒的课题，正是使孔子的教化不朽的元素。

超越冷漠与隔阂：对人的关怀

孔子的教化，当然遭到过怀疑和挑战。在孔子的时代，就有一些隐士讥笑孔子，说他是知其不可而为之的一个人。世道都已经这么混乱了，你救也救不了了，算了，就不要管了，你这是明知其不可而为之。不如自己采取高于世态的姿态，自己过自己的，出淤泥而不染吧。

但是孔子不忍心忘天下，他不愿意自己去求隐，自求多福，他关怀所有在世间的人，不愿意自外于天下，所以，他积极地奔波，周游列国。他也并不是在所有的地方都得到礼遇，他遇到过巨大的艰难，因为很多时候权贵们要的，和孔子的教化恰恰是相反的。熟悉《论语》的人都知道，孔子和弟子在陈蔡绝粮，饭都没得吃，确实是非常艰险。

是什么让孔子超越了人们的怀疑和讥讽，矢志不渝地坚持传播他的教化呢？最重要的是，他的坚定信念。他坚信，不能因为天下无道的存在，人就应该无所作为，人总要由无道转变成为有道，否则人存活在这个世界上，不就变成无用的东西了吗？人的生命之所以可贵、有价值，就在于能够在自然之上打造人文，让天下变得更好。

孔子有充分的条件来做一个隐者，发点高渺之论，做些异常之事，外于众人，满于内心。但是这并不是他的选择，他选择了一条"自讨苦吃"之路。这条路，要比成为隐者辛苦得多，也有价值得多。相较于不管天下事只管自身的隐者来讲，孔子真的是以天下为己任的、有责任感的、替天下人谋福利的智者。他和隐者的区别是，有更高的智慧，更大的爱心。

孔子的这一份对人的肯定、对人的关怀，让他更知道时代的弊端、人的缺点，他提出的治理方法，也都是针锋相对、可行的。就因为这个缘故，孔子的思想，可以用来修身、治国，也可以用来平天下。

儒家智慧的现代价值：治乱兴立

宋朝的开国宰相赵普就曾经说，他是以半部《论语》治天下，足见《论语》的力量，也足见《论语》的实践性在宋朝曾经达到的高度。

我们再来看日本。日本的幕府大将军德川家康留给子孙的《神君遗训》中，可以看到《论语》的精神跟痕迹之所在。他教导子孙必须懂得任重道远，必须知道一个人的所求就像荷叶上的水滴一样，超过了一定的度，就会从荷叶上滑掉，要懂得分寸，不可贪心求多，贪多就会什么都没有。德川家康运用了儒家的许多思想，使得他们的幕府有了300年的基业。

20世纪初，日本的实业之父涩泽荣一写了一本《论语与算盘》，说明论语之道可以用于商场。孔子的人文之道，并不是让你学了之后成为一个没有竞争力的人，而是让你培育更长久、更宏大的竞争能量。涩泽荣一谈到，把它引进日本的企业界，特别强调孔子的仁义道律，而形成日本的企业之道。孔子的君子之道，在日本企业界成为商道成功的不二法门。在今天这个经济挂帅的时代，孔子所强调的仁义礼智信，仍然具备现代性的价值。

成器比成功更重要

今天，谋求和平的愿望超过以往任何一个时代，尽管看起来好像平安无事，其实局部战争以及未来战争的危机处处都存在。人与地球之间关系的恶化，也说明我们的未来有着潜在的危机。

孔子在这个问题上，也给我们很大的启示。孔子说"以天下为己任"，这句话里所蕴涵的精神，跟另外一句话"国家兴旺、匹夫有责"是完全不一样的观念。以天下为己任，是我去承担；而匹夫有责，是责任的划分。在"匹夫有责"观念的影响下，现在的孩子学到的往往是责任的划分。比如，学校里地面不干净，是清洁工的问题和责任，跟我没关系。黑板没有擦，是值日生的责任，跟我没关系。责任一分，再分，三分，自己的责任全没了，责任都是别人的。怪责于人，这是我们现代人最会做的事情。

> 责任一分，再分，三分，自己的责任全没了，责任都是别人的。怪责于人，这是我们现代人最会做的事情。

而孔子的观念是"以天下为己任"。所以，他以天下的混乱为人之耻，以天下的困穷为人之急，以善道何时能到为人之所要。孔子就是要在成己成人的这份爱心胸怀下，促使群体性的和谐。

关怀天下，才算仁德

在当今世界谋求和平、需求共赢的时代中，孔子之道可以提供世界共生互生的基本道理。孔子强调，在自然法则中，必定是人与人之间、群体与群体之间相互戕害的关系。我们可以在电视里看到,《探索》Discovery 播放的很多纪录片里,动物之间绝大多数都是互相伤害的,也有少数并非如此。孔子认为,人和禽兽的差别,就在于人懂得通过智慧将自然法则改造为人文的互生法则,它可以减少人与人之间的冲突,排除因人的错误而招致的灾难,达到人与人真正的和谐相处,这就是孔子所赞美的人道。

我们可以从另外一些例子里看到这一点。孔子的弟子子路和子贡都对管仲有所微词。当齐桓公把公子纠杀了之后,管仲没有像另外一个辅佐公子纠的召忽一样,自杀谢主。子贡认为管仲有点儿不义,对主子不仁。孔子说不是的,管仲因为帮助齐桓公纠合了诸侯,在避免战争的情况下能够一匡天下,让老百姓免受战乱之苦,这正是管仲辅佐齐桓公对天下的贡献。这是管仲的"仁"。

尽管孔子认为管仲有"仁",然而他对管仲自身的人品却另有批评。他说管仲是功大而器小,所以造成了他自己后面的祸患,也使得他所造就的这个齐国,只是一个 40 年的霸业强国,未能成就出长治久安的王道之国。这一点后面再讲。

再看看孔子所讲的第二个例子。

第二个例子出自《论语·宪问》。宪问问孔子,如果有一个人把自己的好胜、好自夸——比如说喜欢跟别人显摆,"我很了不起,我非常有才能"——的个性,把这个会招人怨恨的特点,乃至把自己的贪欲统统遏制住,不让它表现出来,不让它再继续存有,这样的人算不算是一个仁德之人呢?

孔子说:这样的人,其实真的是已经很难得了;他能够控制自己的好胜心，能够控制自己的自夸，不去天天跟人家比强比胜，不去拼命地到处炫耀自己，能够把对别人的怨恨转化成为感恩，把自己的贪欲压制下来，希望欲望越小越好，这已经相当不容易了，但是，这算不算是仁德之人，我（孔子）实在不太知道。

孔子讲话非常委婉。其实他的意思就是说，这种人也不能算仁德之人。那么什么样的人才算是仁德之人？孔子认为只求把自己做好，那还不算是仁，必须是能够帮助别人处理他们的问题，关怀天下之乱，使之向治，才算是仁德。"为天下"而教人文，是孔子的教育情怀中的根本。

孔子给了我们一个最重要的价值启示，那就是人只为自己而活其实是不对的。在孔子的人道观里面，他认为人的生命的最大意义跟价值，就是为别人而活，为爱别人而活。当别人需要你的时候，你的生命就有价值了，当别人都不需要你的时候，请问你的价值在哪里？

> 当别人需要你的时候，你的生命就有价值了，当别人都不需要你的时候，请问你的价值在哪里？

我们现在常听人说，我要爱自己，我要为自己而活，这种想法，其实造成了今天女性很大的困境。很多女性在做了母亲之后，还只为自己而活，可是为自己闯一片天的结果，就是儿女跟她有很大的疏离感。

我记得我们小的时候回家，进门就叫"妈"。现在的孩子进门，不是叫"妈"，而是玩电脑。自己拿钥匙开了门，然后启动微波炉，自己吃饭。妈在也好，不在也好；有也好，没有也好，他觉得关系不大。假如一个母亲，连自己的儿女都觉得有你没你没关系，需不需要你都不是问题的时候，我想你的生命的价值就显然应该思考了。

只有你自己需要自己，那你的价值真的是很小了。要扩大你的价值，就必须改换价值观。

孔子之所以会被称为"至圣先师"，就因为他为天下而教人文。孔子说，能够移风易俗的人，就叫做圣人。他所用的移易之教化就是圣人的人文教化。普通人多半都是顺势而下——既然大家都如此，我跟他们一样就好了，何必逆着潮流、顶着风呢？多累啊！效果多大呢？未必看得见。如果你要立竿见影的、短时近利的效果，你就会觉得孔子的教化实在是太麻烦了。

顺着潮流而做、自外于天下这些人，对于整个天下的教化，可以说是没有贡献的。而孔子的教化之所以被称之为"圣人之教"，就是因为孔子将自己的教化定位在为天下而教，知其不可而为之；为了能够移易当时天下的混乱风俗，他勇于提出改正混乱的风俗，并提出具体可行的替换之道。它是一个有积极建树的提升之教。

积极去除混乱与穷困

在现代的社会周遭，我们常常可以听到许多人好发议论，说这里不对、那里不好，可是如果你问他，要怎样做才能好，他就会说："对不起，我也不知道。我不干这一行，我怎么会知道？"所以我们听到的批评之声很多，但是建设之声却很少。

一个没有建设性的批评，其实就是诽谤，除了破坏的效果之外，没有任何积极的贡献。孔子的思想是有积极的、建设性效果的，在他指出社会的无道之后，他又解释了为什么会成为这样，最后他清楚地提出积极、具体的改变、改善之法。

这也就是墨子后来提到的批评原则，即"非之必有以易之"，也就是说批评人家的时候，一定要能够拿得出比原来更好的、更具体可行的办法。这个时候，这个批评才是真正的善意的批评，也是有用的批评。

> 一个没有建设性的批评，其实就是诽谤，除了破坏的效果之外，没有任何积极的贡献。

当一个社会里没有用的、恶意的或者混乱的批评丛生的时候，这个社会的人心，会愈发地感觉到没有希望，大家都会很痛苦。所以我相信孔子的积极和正面，对我们每一个人来讲都是一个兴奋剂。孔子的时代价值就在于此。他告诉我们，不管时代是一个什么状态，只要是有需要修正的，就可以根据人的普遍价值去修正和应对。这就是孔子之道不但可用之于今天，还能用之于未来的一个最重要的保证。

现在我们回来看看，通过西方人对于20世纪到21世纪初期的反省——这个世纪的人需要什么？人们的问题出现在哪里？我们就可以证明，这个世纪是需要孔子的。

我们来看俄国文学家托尔斯泰，他希望产生一个新的宗教。这个新的宗教，让人在活着的时候，就能得到像天国一般的伊甸园的快乐，不要等到死了之后才能够去伊甸园。他认为西方需要的不是一个来生有救的宗教，而是今生就可以有救的宗教。靠什么呢？靠爱。靠什么样的爱？靠人人爱别人的爱。

人人爱别人的爱就是孔子的思想啊！托尔斯泰寻寻觅觅的，孔子早在2500多年前就讲了。托尔斯泰所期望的这个新宗教的基本情怀、基本精神，在孔子的思想里完整地呈现了。我们完全可以了解之后将之呈现给世界，这不是中国人的骄傲吗？

特蕾莎修女的三句箴言

我们还可以通过世界的问题来看孔子的教化能不能用，看看孔子思想之于今天和世界的价值。特蕾莎修女，她是个西方人，她了解西方，了解世界的问题，特蕾莎修女一生行善，1979年获得诺贝尔和平奖。她说过这么几句话。

第一，她说今天世人最大的贫穷，是寂寞和不被人关注。在今天的世界，大部分人吃饭不成问题，人最大的贫穷，是寂寞和得不到别人的关爱。孤独和寂寞，是人心最大的苦痛。

我们来看孔子强调的仁爱之道——互生共生，人人爱人人，只有自己好了不算数，还要己立而立人、己达而达人之才叫做人道，这样的精神岂不是可以解决当今人的寂寞跟不被关爱吗？

第二，特蕾莎修女说：今天最大的疾病，不是麻风，不是结核，而是不被需要。

当你不被需要的时候，你就开始对自己的生命有怀疑，对生命是否还要继续下去产生很多疑问。现在的自杀率比以前高多了。为什么？有人说，是因为社会进步，人谋求发展的压力变大。这是一种很奇怪的说法，如果社会进步，为什么人又会在一个进步的社会中感到难受和痛楚，有无法排解的压力？事实上，人对生命的失望，无非是因为感觉不到被需要，觉得生命没有可用之处，既然自己是一个无用的人，我还不如遗弃生命。

第三，特蕾莎修女提到，世界最大的饥渴，不是面包，而是不被欣赏。世界最大的饥渴不是面包，你现在急于解决的，不会是吃饭的问题。你心里最大的渴求、最大的愿望是被别人欣赏、被别人需要。

我们很多人对贫困的概念还停留在饥饿、衣不蔽体和没有房屋，这实在是非常落伍的。近些年我们经常听到，一个人穷得只剩下有钱。有钱的穷人才是真正的穷人啊！没钱的穷人，他的人生还有希望之路，而有钱的穷人一定是穷途末路，自陷于绝境之中。今天的人富有之后的第一件事，必须是学"礼仪"。在仓廪足之后，要让他知荣辱；知荣辱的同时，必须让他知道爱人。

> 没钱的穷人，他的人生还有希望之路，而有钱的穷人一定是穷途末路，自陷于绝境之中。

我个人觉得，孔子的人文之教，是为了让天下人找到生命价值，去除天下的混乱、困穷，而产生人的善性的教化。孔子告诉我们，人的生命的最大价值，是为爱别人而活的。如果你放下只为自己而活的观念，改变成为别人而活，孔子的思想就会走进你的心里，你也就会迎来阔大而丰满的生命。

  在这一章中，我们说到了孔子的关怀对象是人，人文之道是为天下而教。这也说明在任何时代，孔子之学都有价值，而不会受限于时代的变迁。在下一章中，我将进一步谈孔子人文之教的功用，也就是生存的智慧。

第四章　把握时中的分际与分寸
——生存的智慧

> 孔子从不执着和拘泥。孔子的生存之道，就是时中之道，就是强调在对应客观条件的时候，要采取恰到好处的、不偏不倚的正常之道。

这一章，我们来谈论孔子的时中精神。什么叫时中？下面会详细解析。

前面我们谈到了这个时代的人，因为不被关爱、不被欣赏，很寂寞，而感觉到生命没有乐趣，找不到生命的意义。孔子的人道精神正好可以满足这样一个时代的需要。孔子的人道精神，能给我们带来什么样的功效？

孔子的人道精神可以帮我们活化生存之道。

在孔子的人道精神当中，我们深切地了解到每一个人真正的需要。人不是一个孤立的个体，人是在群体中生存的。如果一个人与群体不能和睦顺畅相处，就算他有再大的爱心，或者他即使自觉已经走了人文之道，仍然会在生活中感到非常局促，且处处有滞碍。

人道的精神，应该可以帮助我们在群体中生活顺畅。但是人道到底该要做到怎样的分寸，则是因时因地因对象因状况而各有差别的，单凭一片好心不一定能让我们的生存获得保障。有的时候，人怀有好心却做了不适宜的事，造成很多的尴尬事，甚至坏事，以致引来了生存上的危机。所以如何能把握住对应得当的适宜分寸，就成为人道实践上的成败关键，这就需要学习"时中之道"。

理直不一定气壮

在前面也特别谈到了，人道其实包含了"仁"和"义"两个部分。"义"就是行事适宜的意思，就是言行符合当下状况的需要。而所谓当下的状况就是"时"，符合需要就是"中"。

我们来说说时中之道。其中"时"的意思非常广泛，不但是时间、空间、对象，乃至于方法以及目的都会有所转变。我们需要注意和对应的这些外部因素，统统称为"时"。唯有应时而行、应时而用、应时而去做的人道，才可以说是真正的善。

而除了"仁义"之外，"礼敬"与"和乐"在生存关系当中也是最重要的人文方法。

要让对方感受到真诚和慎重

下面我们就详细说，当我们了解了人道的仁心之后，要把它用之于我们的周遭，包括社会、家庭，以及所处理的所有事上，用之得当适宜，就能增加生存的美与善，相反的，倘若用之不得当、不适宜，就会带来生存的危机。

也就是说，在人的生存之道中所讲的人文，就不再是仅限于"仁"和"义"了，而是要加上"礼"和"敬"了。严格说来，敬是礼的内涵，礼是敬的外显，二者是相辅相成的。礼是行，敬是心；礼是仪式，敬是精神，礼必须以敬为主。行礼仪时，心里要存着尊敬别人之意，更要让别人感觉到，他是被你重视的。所以说，如果我们奉养父母却缺乏敬心的话，那就跟饲养动物没什么两样了。所以我们必须注意这其中的分野，在"奉养"与"饲养"间，所同者是皆有"仁心"；而所不同者，则是在奉养之中有"礼敬"，在饲养中则无。

> 礼是行，敬是心；礼是仪式，敬是精神，礼必须以敬为主。

《论语》中特别提到："至于犬马，皆能有养；不敬，何以别乎！"我们奉养父母的时候，把钱或财物拿给父母，态度不佳，甚至于掉以轻心，不放在心上，这时候父母所受到的伤害，仍然非常大。尽管给了他们钱，他们还是会有抱怨。

所谓的"敬"指的是什么？就是指言行举止的慎重。也就是对待人，第一不能马虎，第二不能随便，第三不能敷衍，第四不能苟且。在不马虎、不随便、不苟且、不敷衍的心态之下，去做对别人行礼的事，有了真诚，有了让别人感动的慎重，他才能接受。

当我们自认为"我对你非常有礼貌"，可是对方却感觉不到你真诚的时候，虽然你做了应做之事，有了仁与义的形式，可是对方感觉到你是在敷衍，仍然会心生怨气。有了怨，久而久之就有了误会，有了误会就容易产生怀疑，我们说疑心生暗病，就指怀疑之下，人会有许许多多猜忌。人跟人的不和因此而生。所以现在为什么父母对儿女总有怨，儿女对于父母亲也总有怨，就是因为相互对待的时候，只有爱心却没有敬意，就适得其反，用孔子的话说叫"不及"。

纯粹只有一个仁心的存心是不够的。我们更要了解对方的感受和需要，这样就可以影响群己关系。

人是在群体中生存的，当群己关系不好的时候，生存就出现了危机。破裂的感情会给我们带来无穷的伤害。"敬"在人与人之间的圆融关系上是极为重要的。敬为"礼之舆"，礼要真正地实行，就必须包含着敬心在内。没有敬的礼，给人的感觉是虚伪，是形式化的表面功夫。不做还好，做了反而更坏。

表达礼敬的方式要因人而异

人文还有一个重要元素，就是乐，乐能让彼此产生"和"。和是指在不同状态下，彼此都能够欣赏对方，包容对方。就好像在音乐中，不能只有一个音符，所有的音符都一样，是不成其为音乐的。一定要有不同的音符，高低错落，才能成调，有了调子才能成歌。如果一个人想和群体之间产生这种音乐的效用，就必须以和作为缝合线、连接剂。

不敬不和，则生存中的人文就会不存在；有了敬与和，生存中的人文就可以产生效用，形成畅通无碍的生存空间。

人文的敬与和，不是独立存在的，是要与时相应的。你用不马虎、不随便、不敷衍、不苟且的状态，去与人对应的时候，要看对象是谁。面对不同的对象，你的不马虎、不随便、不敷衍、不苟且，是以不同的形式表达出来的。我常开玩笑说，如果你爱别人的太太，跟爱自己的太太一样的话，那会很麻烦的。爱自己的太太，跟爱别人的太太，是要有所不同的。

在儒家的思想里，特别提到，"亲亲而仁民，仁民而爱物"，也就是说要有差等之爱。表达的形式要有内外之分，没有差别的一视同仁，其结果同样不良。

依据时间、地点、对象而变

若想让仁心、义行与礼敬、和乐真正达到群己生存上的互生效果，就必须"与时偕行"，这就是最重要的关键。"时"关系到是非、对错、好坏。做得过分与做得不够就是"非"，就是错，就是坏，就是恶。我们中国人所强调的善与恶，基本上是指分寸的拿捏。凡事处置过分了，比如对不该热情的对象你热情了，这是错误；对该热情的对象你没有热情，这仍然是错误。

我们就拿言语来说，该说的时候你不说，叫做失人；不该说的时候你说了，叫做失言。既不可失言，又不可失人。该说的对象你要跟他说，说到几分，谈到什么深度，你要看情况。当事情还在酝酿中，还可以改的时候，你要很认真地、很慎重地去劝谏人，别人会认为你这是诚恳。然而当木已成舟、无法收回的时候，你就不要再说了，这时你再去说，人家就会说你这是马后炮，是对别人的挑剔、不善和攻击。

人与人之间的感觉，时间是很重要的因素。因此人文中的敬与和，必须跟"时"相结合。也就是说，礼跟乐基本上要以义为准，而跟时相合的，就叫做义。

义的意思就是恰到好处，就是对你跟其他人之间的关系，是彼此有帮助的，是有利的。义的最初解释，就是刚刚好、当然如此、应该这个样子，然后会产生一个很好的效果。

> 该说的时候你不说，叫做失人；不该说的时候你说了，叫做失言。既不可失言，又不可失人。

在生存的过程中，我们很需要这样的义来帮助我们，把每一个阶段的关系都处理好，所以因时而易，随着时间的不同，要有不同的对应方法。这就是生存的智慧。一个道理在任何情况下永远不变，那就错了。

举一个小例子。一个傻女婿，人很笨，但是娶了一个聪明的老婆。老婆怕她的笨丈夫到她娘家去的时候丢人现眼，就叮嘱丈夫说："等会儿回家的时候，你要是看到我妈，你就说，妈你好。"他说："这个我会。"她说："下面你就不要多说话了，之后要说的一句话就是'我要回家了'。"他说："好好，我记住了，我就学这两句话，我会了。"到了老婆的娘家，一进门，他们家的奶奶出来了。傻女婿一看是个女的，又是个老太太，就说："妈你好。"他老婆就赶紧跟他说："不是，她不是我妈！你为什么说'妈你好'呢?"他说:"好好,我知道了。"再往里走,老岳父刚走出来,还没来得及说话,傻女婿就说:"我要回家了。"老岳父很生气:"怎么你刚来就要回家?"傻女婿不知道下面说什么了,只好板着脸坐着。

傻女婿因为把两句话用错了时间,用错了地点,用错了对象,闹得气氛很僵,大家都很不愉快。而在适当的地点,对适当的对象,用适当的方法去做适当的事情,就叫做义。

与时相应的义,正是孔子最重要的精神,也就是我们常听到的中庸之道。

恰到好处是智慧

在《论语》里,有一段很有意思的话。子曰:"参乎,吾道一以贯之。"曾子曰:"唯。"子出,门人问曰:"何谓也?"曾子曰:"夫子之道,忠恕而已矣。"

孔子对曾参说:"我所讲的人道是有一个基本思想贯彻始终的。"也就是说,孔子所说的人道是有一个一贯性的。曾子就说:"我知道了。"旁边的学生还不太清楚"一以贯之"指的什么,但是不愿意显得自己很笨,就没说话。大家出来之后,他们就问曾子:"你们的对话是什么意思呀?"曾子说:"夫子之道是忠与恕。"尽己之为忠,推己之为恕,这就是我们前面谈到的,人要有一个仁心,不但要把自己做好,还要把对别人的心也做到,就是忠与恕。

孟子又是如何解释夫子的"一贯之道"的呢?他说夫

子的一贯之道，是仁与不仁，就是要保有仁，而不要不仁，要把羞恶之心、是非之心、辞让之心、恻隐之心等仁心保存下来，千万不要丧失。

清朝的惠栋对"一贯之道"的解释就更为宽广了。他认为孔子的仁心不但是自己的生命之道，更是自己的生存之道，所以他提出了时与中，强调在时里要行中道。他认为，孔子是"圣之时者"，孔子所做的任何事情，都是合乎时宜的，也就是合乎义的。孔子合乎时宜，是因为他行中庸之道。

"中"怎么解释呢？不偏不倚谓之"中"。打个比方，在一个桌面上，它的中很好确定，就在桌面的正中，但扩大到整个房间的中，显然就不能拿桌子当参照系了，要看这个房间有多大，然后再找到那个中。所以"中"是随着客观的外在的状态变化的。"中"没有一定的、固定的地方。如果固定了，不顾外在的环境了，就是我们常常讲的"执着"或者"拘泥"。

孔子从不执着和拘泥。孔子的生存之道，就是时中之道，就是强调在对应客观条件的时候，要采取恰到好处的、不偏不倚的正常之道。

庸者，常道也，而不是特别光怪陆离、稀奇古怪的新鲜之道。一个正常的生生之道，一个生命的常态之道，就是中庸之道的基本要件。我们从孔子的这个一贯的精神出发，在曾子、孟子和惠栋的不同解释里，可以清楚地读到观点的不同。

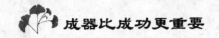
成器比成功更重要

彼此无怨才能和乐融融

孔子的生存之道中所说的"敬"与"和",就是一个群己的合和之道。大家能够合作,才能够和谐,合作是和谐的前提。《论语》特别提到"君子和而不同,小人同而不和。"君子,也就是奉行孔子人文精神的人,跟不同的人都能够合作。换一句话说,互生的人文精神,就是合和的精神。孔子的人道兼具个人的修行之道和群己之间的相处之道。

我们跟群体相处的时候,就要学习这样的智慧。如果一个人只顾自己,只管自己做得很好,不管别人,即使自己做得很多,同样会产生困扰,而且会受到限制。

在孔子的思想中,群己之道和个人之道是二而一、一而二的。没有群己效用的个人之道,绝对不是真正的个人之道,真正的个人之道是能让群己之间的关系都达到和谐,让大家无怨的合和之道。孝道正是这样的人道。

谈到孝的精神,我有一个不成熟的心得。孝为什么可以治国、平天下?孝不是对父母的态度吗?如果我把天下人都当成我的父母,那不是很奇怪吗?我个人的领悟是,孝道的精神就是要"使得上下无怨"。上不怨下,下不怨上。也就是让亲子处在一个互相没有埋怨和抱怨的关系状态下。所以"孝"的这分使相处的人彼此间造就无怨关系的人道精神,能够得到齐家、治国、平天下的效果。

> 孝道的精神就是要"使得上下无怨"。上不怨下,下不怨上。

治国时，如果君臣彼此无怨；与天下人相处时，如果天下人人皆得无怨，我想这就是最好的孝道精神的体现。论孝道，与其很狭隘地只说孝敬父母，不如说既要孝敬父母，也要让父母对儿女无怨。父母对待儿女，也要让儿女对父母无怨。父母之疼爱儿女，儿女之孝敬父母，目的都是在使得彼此之间没有抱怨，没有怨恨，没有彼此的不谅解和心理的隔阂，这才叫做真正的"和乐融融"。

行己之道其实就是处群之道，人在行动的时候，绝对不是个体的行为，因为你一旦有所行动，就一定会影响到旁边的人。旁边人的回应，自然又会影响到你，这是互为影响的。

所以在《易传》中，我们看到，天地是否卦，地天是泰卦。为什么同样的构成条件，却会有这么大的差别呢？因为否卦，是上卦为天下卦为地。天是乾卦，地是坤卦；乾卦在上，坤卦在下；乾卦阳爻，其性质是阳刚、上扬的；坤卦阴爻，其性质是阴柔、内敛的。当上卦向上、向外，下卦向下、向内，它们上下卦之间是彼此不相交的，彼此不交则不相感，不相感则不相生，所以是否卦，关系不好。人与人之间如果不相交往，互相不能融合，那彼此的关系自然是不相生的、非常紧张的，甚至是非常恶劣的。泰卦，是地天泰，坤卦在上，乾卦在下。坤卦的特质是内敛的，而乾卦是上扬的。上卦向下而下卦向上，两者相交，有交就有往来，有往来就能够融合。人与人的交往互通如果是顺畅的，那么关系就会和顺，人在其中也能感觉安泰。

成器比成功更重要

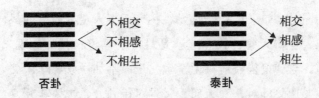

否卦　　　　泰卦

　　同样的条件：一乾卦、一坤卦，放错了位置，就有了否和泰两个极端的结果。就算有了好条件，还要摆对了位置，找对了时机，它的合和效用才会产生。但是位置不是天生固定就有的，而且是随机的，需要去应对环境的变化，这就需要学习。学习也并不是浅尝辄止，不可能学一点儿就会。要不断地学，时时地学。我们常常说，人要"活到老，学到老"，学的是什么？学的就是"义"，因为时时的义不一样，方法和需要也是不同的，所以随时都要学"时中之道"。

　　因此，儒家的思想要终其一生来学，而不只在初中、高中读读《论语》就算数了。其实《论语》是值得摆在床头时时读的。你在不同的年龄阶段去读它，会有不同的领悟和境界。孔子说："吾十有五而志于学，三十而立，四十而不惑，五十而知天命，六十而耳顺，七十而从心所欲、不逾矩。"在人生的各个阶段，都有不同内容的东西要学，而且他都可以教你，把你的问题点出来。

　　读《论语》的时候，我们常常会迷惑，不知道那些话是在什么情况下说的，也搞不清楚自己是否用得上，比如如果不去从政，学《为政》干什么？其实，《论语》中的孔子教化，品类众多，针对不同年龄层，有不同的人文生存之道的教导。

　　孔子说的上面这句话，肯定是在七十岁之后说的，否则不会说"七十而从心所欲、不逾矩"。孔子七十三岁过世,可见他讲这句话是在七十岁之后、七十三岁之前。这是他晚年最成熟的思想。针对孔子的这个成熟的思想,我将会在后面一一地详细说明。

要把自己变得方圆适中

孔子教导弟子的这套完整而成熟的人道思想体系,为什么会被称做"儒学"呢?

儒家、儒学就是为了帮助人学得更好的生存状态而有的学问,所以儒学其实就是教我们学习如何成为一个儒者。

儒是什么呢?原本儒是一种帮别人行礼的职业,是"士"人阶层必须学做的事。所以后来就把知礼以及具体操作行礼事宜的士人,称为"儒者"。《说文解字》上说:"儒,术士之称。"孔子的父亲及曾祖父都是从事这个儒业的。但是这个行业到了孔子以后,有了较大的变化,所以孔子对他的弟子子夏说:你要做个君子儒,千万别做个小人儒。君子与小人最大的差别就在于"动机"。孔子希望他的弟子们不要只当个职业儒,应当学做个道义儒。可见,儒跟礼的关系非常密切。

古礼中包含了祝、宗、卜、史四个专职,分别掌理不同的礼事。

祝——大祝掌六祝之辞,以事鬼神示,祈福祥,求永贞。六祝即顺祝、年祝、吉祝、化祝、瑞祝、筴祝。

宗——掌建邦之天神人鬼地示之礼,以佐王建保邦国。

卜——以八命者赞三兆三易三梦之占,以观国家之吉凶,以诏救政。

成器比成功更重要

史——掌建邦之六典、邦国之志,以逆邦国之治。

所以,学习儒,就是要学习做到这四件礼事的精神。

第一,祝,我们要学习跟上天沟通,要学会六种不同祝愿(顺祝、年祝、吉祝、化祝、瑞祝、筴祝)的祈祷辞。要理解上天的意志,以便运用适宜的祈祷辞去跟上天沟通,达成祈求上天赋予天命的目的。

第二,宗,我们要学习知命跟行命,以求能保住上天所给的命。

第三,卜,我们要学习对于有疑问的事情,要一再地去寻求解惑之道,不能有了疑问就摆在那儿不求甚解。所以当我们有了疑惑,不知道这些事情该做不该做的时候,最好的办法是向别人求教、向天求教,用问卜的方式去祈求解答。

第四,史,我们要学习把发生的事情记录下来。记录下来的目的,就是把自己的经验传递给别人。

所以,学习儒就是为了追求生命的真、善、美,学习"与天相合"和"与群众相融"的生存智慧。

宋儒张载说,"为天地立心,为生民立命,为往圣继绝学,为万世开太平"。这是一个真正的读书人所要做的事,也是我们所要学的儒。

儒的第二层意思,就是要学习改造自己。儒就是要"搓揉"自己,在自己原来的本质上增加"文采",就像把硬竹子烘软,做成盘子在上面上漆而成为精美的漆器一般,经过这番"文采"的锻造添加,就使得很容易腐烂的竹子能够久久保存下来,而且光彩有用。

儒的第三层意思,就是学习善。也就是要把自己"搓揉"成一个合规矩、方圆适中的人。

儒的第四层意思,就是要学习放弃自己某些不该的(想要却不该要的)欲望。用现在的话说,就是成熟。什么叫做成熟?成熟就是能做到理性地选择放弃"想要却不该要的"。小孩通常不会放弃他想要的东西,从不会考虑该要不该要的问题。当他同时想要多样东西而不可兼得的时候,他就彷徨了、痛苦了;当这多样东西之间彼此矛盾的时候,他就更为难了,陷入困惑,无法自拔。人能够成熟地去选择放弃"想要却不该要"的东西,就是真正儒化了自己,自主地保障了自己的生存。

那么,这样的生存之道我们要怎么去获得?在下一章,我们再来仔细说明。

第五章　让生命畅通无碍
——行止要合时

> 人生要不断地学，学的目的是来改造我们的生命，让我们的生命不灭，让我们的生存能够取得合和的效用，能够畅通无碍，让自己在社会中能够立足，不被淘汰。

在前面几章中我们谈到孔子的人文之道，这个人文之道是用来改造生命的。当我们把人文的学习作为我们一生的路径的时候，它就叫做人道。人道让我们从个人走入到群体，因为人是在群体中生存的，如果人在群体中生存的部分没有能够妥帖地安顿，那么就身无所安、命无所立。安身立命的智慧是必须要去开发我们如何在群体中相处，使之能够合乎人文之道。人道让生命不会因为碰到困难而停顿迟滞，让生命能够不亡，是不亡之道。

人道的基本精神在于，建构一颗仁爱的心和一套合乎时宜的行为法则，也就是义。通过仁与义，我们可以建立人道的基本条件。但是，这样的仁与义，我们是天生就会的吗？

有人说人性本善，那我们照着自己的人性来做就好了吗？其实不然。《论语·学而》开篇就提到："学而时习之，不亦乐乎？"又在《论语·季氏》中记录了孔子儿子伯鱼回答陈元的话。（父亲孔子）问我学诗乎？又问我学礼乎？我回答：没学。父亲就教我说："不学诗，无以言"，"不学诗，无以立"。我退下后就立刻学诗，学礼。孔子不但要伯鱼学诗，学礼，还要求所有人都学诗，学礼。在最后一章《论语·尧曰》中也特别谈到："不知礼，无以立也。"可见他对学的重视。孔子所讲的"学"，跟他的人文精神、人文之道，有怎样的关系呢？

孔子认为，一般人在没有遇到问题之前，不知道人道对自己的重要性，所以就不学。因为不学，就更不知道人道的重要。《礼记·学记》里提到："虽有嘉肴，弗食，不知其旨也；虽有至道，弗学，不知其善也。"虽然有很好吃的菜肴，如果你不去吃的话，你不会知道它的美味在哪里。就像我们在家看电视上做菜的节目，看到主持人吃得好香，可是我们没吃到，就只能通过他的表情去揣测，大概好吃到什么程度，但那毕竟是隔靴搔痒，其实是没什么感觉的，看过也就忘了。同样的道理，虽然有好的人文之道，不去学的话，你也不会知道它好在哪里的。

边学边做体会"时"的分寸

学包含"闻道"跟"行道"。你听到了，懂得了，背下来了，这还不算数。你还要照样去做，做了之后，你才能知道。这叫做"如人饮水,冷暖自知"。一杯水,你只有喝了才知道它是冷是热,也许别人感觉烫,而你觉得刚好,不太烫。每一个人的冷暖适应度是不一样的。所以,别人认为非常好的道,你还要自己去做一做,才能知晓这是不是适合你做的道。

我们现在就来谈孔子所讲的这个学。孔子说,学是知晓至道之学、至道之善的入门砖。光听人家说,叫口耳之学。口耳之学如果没有入你的心、入你的精神,跟你还是隔离的。

> 口耳之学如果没有入你的心、入你的精神,跟你还是隔离的。

通常我们小时候学的东西,到五十岁虽还能朗朗上口,也不过是记得而已,心里不一定会有心领神会、与之相通的那份契合。但是,过了三十岁以后背诵的东西,有一阵子不背的话,你就忘掉了。如果你既不了解又没做,它距离你就更远了。

学孔子之道,不是听听就算了。这跟学别的东西是不一样的。有些东西是有时效性的,过了这个时间,它就没有用了,你大可不必花太多的精力去学。但是你不能一辈子不做人,也不可能在某一个时间段中不做人,更不可能在某一个时间段暂时失去生命。孔子之道是需要我们花一生的时间,持续不断地去学习和实践的人生至道,而《论语》就是记录这至道的宝典。

欲了解至道之善,不能仅仅靠背诵,那只是记忆的、文字的,对于你真正的体会有一大段落差。那么怎么学呢?

从文字的悟解入手。而对文字的悟解，必须是边学边做，所谓"学而时习之"，一边学一边实践。在实践和使用中，去揣摩和体会它的分寸，去体会个中的真正的精神，也就是真正去体会和学习掌握适当的程度。

孔子说，"学然后知不足"，在实践中才能知道，自己哪里所学不足。因此在"习"中，要根据自己所学、所了解、所知的道，去行道；在行道中，发现了有不知的、有知错了的，以及因此所造成的偏差，要去修正它，修正以后就有了更明确更精确的知。如此，偏差就会越来越小、越来越少，错误就会逐渐减少，直到几乎没有。

学与习都跟"时"有关，人生要不断地学，学的目的是来改造我们的生命，让我们的生命不灭，让我们的生存能够取得合和的效用，能够畅通无碍，让自己在社会中能够立足，不被淘汰。在人一生的各个时段当中，都要戒慎恐惧，如临深渊，如履薄冰，随时都要调整自己的习中之思。在学中要习，在习中要调整所知，而让自己所知的道更切合实际的需要。知不足是继续学的动力，而知不足必须要靠习。所以，在孔子的思想里，学跟习是一而二、二而一的事情，没有经过习的学不算学到了，没有经过学的习是没有方向的，因此，学与习都在"时"中进行。

西方的心理学特别强调，学习就是经过反复的刺激与反应，最后在人的行为上产生长久的、固定的模式习惯。如果是听完了就忘记了，这不叫做学。学了之后要在行为上成为一个习惯，这才叫做学。所以，学是要经过多次的反复实习，直到所学的变成习惯，这是学跟习的另一个关系。

不要读死书要能解决实际问题

我个人觉得，孔子是知行一致的，不是知行合一，而是知就是行，行就是知。没有行以外的知，也没有知以外的行。知不在行中，不叫做知；行不在知中，也不叫做行。可惜，后代的人常常知行分离，能知不能行，能行不能知，然后有易知而难行、难知而易行的偏差。

> 孔子是知行一致的，不是知行合一，而是知就是行，行就是知。

我们从孔子对"知"与"行"的论述中，就能看到他不断强调二者的特点。

第一，孔子自称，他不是生而知之的，他是学而知之的。也就是说，他的学跟行是合二为一的。在这样的状态当中，他才找到他所谓的人文之道。所以孔子特别强调，我是学不厌的人。

很多人读到这一段的时候都会质疑，这行得通吗？一句话念一百遍也许还不厌，念一千遍就厌烦了。孔子为什么能学而不厌？因为他的学，会随顺依时的不同，而永远都在修正、调整中。

有这么一个故事。有一个邮差，他每天的工作就是盖邮戳，盖了几十年。他因为表现优异而被奖励，记者采访他时问："每天总是做同样的事，你不厌烦吗？"邮差回答说："不会呀，虽然盖戳的动作一样，但是我每天盖的邮戳上的日期都不一样啊！而且每封信也不同，这对我来说都是新鲜的。"在"苟日新，日日新，又日新"的心态下，你才能找到道的所在，其中的乐趣是无穷的。

孔子说，当你的"行中学"的理念能够发挥出作用的时候，乐趣就产生了。《论语·子路》中提到："诵诗三百，授之以政，不达；使于四方，不能专对；虽多，亦奚以为？"一个人把《诗经》读得滚瓜烂熟，让他处理政务，办事却不通达，让他出使交涉，又不能得体地应对。背了那么多的诗有什么用呀？

可见，孔子所说的学，绝对不是读死书，而是在于干什么都能干成。也就是说，孔子所要求的学，绝不是只坐而论道，必须能起而行道，能实际解决问题、办妥事情才行。让你办事的时候，能处事妥当，你去跟别人应酬交涉的时候，能够用你的专业，自己独立去面对，应对得当，这样才算是学会了道。

在孔子的思想里，不能解决问题的道，不是他要谈的人道，不能实行的道，也不是他要谈的道。他要谈的道，是能够让你解决问题的，是能够让你开创出广阔的生命空间的道。孔子之学是实用之学，他的理论是能实践的。这也是在经历了两千多年的考验之后，大家依然对孔子赞叹不已的原因。

积极反省才能发现不足

此外，孔子非常在乎"自反"的精神。《礼记·学记》里特别谈到，"学然后知不足，教然后知困。知不足，然后能自反也"。在行中能发现错误，是靠反省之功。很多人不承认自己错了，是因为他没有反省的能力。曾子说，"吾一日三省吾身"。他对所做的每一件事情都要反省，而且是时时在进行，这种反省的能力，就使他学而不厌。换言之，唯有先学会积极地自反及自觉自己的不足与错误，才能真正引发求学的动机。

孔子的另一个弟子公西华也说：夫子啊，这正是我们做弟子的没能学到的地方。因为我们很少反省，我们没有知不足。我们做弟子的为什么和你相差那么远，就是因为我们学的动机和基本心态都是错误的。

> 唯有先学会积极地自反及自觉自己的不足与错误，才能真正引发求学的动机。

孔子说，一般人根本不知道要学，更谈不上学不厌了。还有些人，虽然已经知道要学，可是觉得好难，就想放弃。他的学生冉求就跟他说："夫子啊，你这个道实在太好了，我也不是不喜欢，可是我的能力不足以去学它。"孔子就开导他说：你还没有学就说你没有能力，那就是放弃，那就是画地自限。要等你学了之后，到半途真学不下去了，你再来半途而废都可以。可是你不能在没有学之前，就先说学不会而却步不前。

要有自发学习的渴求

孔子对"学"还有个要求。他强调，学习的人必须自勉于受教之地，自己主动要求摆在受教的位置上：我想学。

《论语·述而》里曾说到"不愤不启"，什么意思呢？一个人如果不是自己发愤想求做事做人通达的话，我是不会启发他的。当他自己觉得做什么事情都做不通、常常碰壁、常常有困难解决不了，有了这种困顿的感受的时候，他来求我，我就启发他。

孔子还提到了另一种情形："不悱不发。"如果不是想讲却讲不出来的话，我也不会去启发他。这就意味着，孔子很看重人对"学"和"知"自发性的强烈的渴求和冲动。

举一反三才能融会贯通

孔子继而强调，学的时候，还要有举一反三的能力。他说："举一隅不以三隅反，则不复也。"不能有灵活的思考能力，只能达到学一就只知道一的人，我就不再教你了。这是因为孔子非常注重"思"，认为必须有举一反三的思考能力，才能有合乎时宜的、权变通达的、合乎仁义的行为产生。而思是需要自发的渴求和冲动去启动的。

"学而不思则罔，思而不学则殆"，学了以后你要认真地去思考要怎么做，揣摩、领会完全要靠自己。俗话说，"师傅领进门，修行在个人"，这固然有天生悟性的不同，但更重要的是，你想悟的迫切程度高低，也决定了你到底用了几分心来做这件事，当然也就影响了你的成果。孔子有一个形象的比喻，一场雨下下来的时候，吸收大的就大生，吸收小的就小生，不毛之地就不生，要看土地本身的吸收力和承受力。

求学之人必须是自勉于受教，孔子才愿意教导他。这并不是说孔子吝于教导学生，而是因为向学之人唯有真心想受教，才真能学得进去。所以孔子的教学原则是："大扣大鸣，小扣小鸣，不扣不鸣。"你不敲门，我就不开门；你用力敲门，我就开大门；你轻声敲门，我就给你开小门，

成器比成功更重要

你的力道不够，我也给你一个不够力道的回应。这是老师教学的关键。有时候老师恨铁不成钢，恨不得钻到学生的肚子里把他给撑会了，但学生会讨厌这样的老师，因为学生受不了。学生的所学要"堪受"才行，堪受的程度跟他的智商不一定成正比，但跟他的心态成正比。学生很想学，就受得了；不是那么想学，他就会受不了。

> 学生的所学要"堪受"才行，堪受的程度跟他的智商不一定成正比，但跟他的心态成正比。

要随时修正所学所知

孔子特别强调，学贵能用，即学得的道必须是能活用的道。换句话说，人道就是在人生的各个阶段当中，都能够行得通而且能够有用的真知。学人道的结果就是使自己应付得了问题，让自己能通达行事。这是每一个人应该努力的根本。所以孔子说，"君子务本，本立而道生"。

当你自动自发地要学，而且是用"在实事上演习"的方式来学的时候，你就要随时来修正所学，修正的目标是让自己能独立行道，不要仰仗、依靠别人，这是君子立学的根本心态。这也就是说，所学是否有用，完全决之于"实"习时，是否能恰当地对应当下的对象及问题，而给予必要的"变通"与配合，使之畅达和乐。君子就是在"时、势"中去"实习"所学得的道，并且在行道的过程中去"修正"自己的所知，于是"正道"就在这"通权达变"的体会中领悟且完成了。这就叫做"得道"。

第六章　让生命有格局
——成器之道

> 孔子所认为的成器，不是指一才一艺的所长，那是"谋食之学也"，也就是养活自己的本事而已。孔子并不把它放在很高的位置。

接下来，我们就要来探讨，虽然我们要随时修正行德的方式、内容，但是毕竟还是道的目的。所有的修正都不能偏离目的。前面讲过，道是要有目的的，不管过程中如何需要修正，但是最终的目标却是不变的。那么这个目标是什么呢？也就是说，人的生命成就到什么样的状态是最好的呢？

《论语》中提到，人道的目标至少有三重特点。第一，生命要有大的格局；第二，生命要圆满，缺陷越少越好，过错越少越好，祸患越少越好；第三，生命要精彩。

孔子曾经这样赞美弟子颜回，"回也其心三月不违仁"。颜回这个人呀，他的心可以长时间地不违背仁德的要求。他守德、行道比别人更坚定，而别的弟子却不能做到。所以颜回的生命比其他人的更为精彩。

成器比成功更重要

眼界决定心的境界

如何造就一个有格局的人生呢？我把它称为"成器之道"。

《三字经》里说："玉不琢，不成器。人不学，不知义。"父母最在意的，就是孩子是否成器。

什么叫成器？我们常常觉得，一个人有一技之长，有让自己生存的才能和技术，就算成器了。而孔子所认为的成器，不是指一才一艺的所长，那是"谋食之学也"，也就是养活自己的本事而已。孔子并不把它放在很高的位置。《论语·为政》里有一句著名的话："君子不器。"不器的意思，是说不要只会谋生之术，因为这个技术是身外的，是"小器"，人必须扩大自己的心量，功夫要用在自己心上。孔子强调通才，有大的心量，事事都能做得通。

我们经常会碰到这样的人，他在工作上非常好，可是在生活上是白痴，在人际关系上和人很难交流沟通，大家视跟他打交道为畏途。他做的事，常常不通人情、不合理、不识大体，这样的人注定会失败的。人生中事业的成功，不代表人生全部和最后的成功。

中国有句老话："宰相肚里能撑船。"宰相是一个比喻，是指能做大事的人，能成就伟业的人，能让人钦佩信服的人，而不是指这个官职。"肚里能撑船"就说明心量大。海能纳百川所以成其大，我们的心如果不能宽容和接纳很多事，就不能做到心量大。心量大的先决条件，必须是眼界要开阔。眼界决定了心的境界，你能站得多高，看得多远，你的心就到达多远。

眼界开阔来自于你的识见，也就是知识和见解，见解精辟、深入，就会影响你的眼界。你会在意那些更为重要的事、对行德更为关键的要素，而不会在意一些小的坎坷和纠缠。你有了宽阔的心，才能够有宽容、宽量、宽厚的胸怀去与人相处。宽厚才能有义、宽量才能有情、宽容才能交心，真正地跟人家以心换心，这些都是孔子所说的"器"。

> 心量大的先决条件，必须是眼界要开阔。眼界决定了心的境界，你能站得多高，看得多远，你的心就到达多远。

先培养器识，后学习技艺

君子要大器，器大才能够容得下，才能在行德过程中不断地自我修正。《资治通鉴》里有一句裴行俭的话："士之致远者，当先器识而后文艺。"一个读书人，先要增大他的器识，才能够学习好具体的技能才艺。

孔子曾经跟乐师师襄学琴。刚开始，师襄教他学琴是学技巧。过了些日子，孔子已经把曲子弹得很熟练了，师襄说："我再教你下一首曲子吧。"孔子说，"不行，我还得再弹这首曲子，我还没领会它的志趣神韵。"又过了几天，孔子已经完全领会了这首曲子的神韵。师襄说："现在

成器比成功更重要

我可以再教你新的曲子了吧?"孔子又说:"我还得继续弹,我要再去领略,作曲者为什么这样写,他在什么样的心情之下写的这首曲子,他是一个什么样的人。"孔子又继续弹奏揣摩,有一天,他突然领悟了,推窗远望,他说:"写这首曲子的人是高高的个子,黑黑的皮肤,忧心于天下。这人不是周文王又是谁呢?"师襄大吃一惊,因为他教给孔子的曲子就叫《文王操》。

孔子学琴,能够不断揣摩、深入思考,去体会写这个曲子的人彼时的情怀,揣摩作曲者心里的那份意境,而不是仅学弹奏这首曲子的技术而已。一个人先培养了器识,在学习一技一艺当中,他所表现出来的境界和胸怀是不一样的。这也是孔子认为真正成器的办法。孔子认为人的品行等级,因器的大小高低而有了所谓高人跟俗人的差别,器识高的就叫做高人,器识浅薄的就叫做俗人。

> 人的品行等级,因器的大小高低而有了所谓高人跟俗人的差别,器识高的就叫做高人,器识浅薄的就叫做俗人。

器量大小决定事业成败

孔子的弟子子贡就非常在意自己是否属于器识高的人。他问孔子:"你觉得我怎么样?"夫子看着他说:"你确实成器了。"子贡又进一步问:"什么样的器啊?"孔子就跟他说:"你是瑚琏。"瑚琏就是宗庙里放在祭台上装盛祭祀用的黍米的器皿，是非常尊贵、非常重要的。这就说明，孔子认为子贡是廊庙之才、钟鼎重器，是国之重器，是对国家有用的人才。

私生活的瑕疵会影响人生的格局

我们在前面也概略地提过孔子对于管仲的评价。他说管仲"功大而器小"，换句话说，孔子对管仲所做事的功劳虽然很肯定，因为管仲让黎民百姓不再受战乱之苦，安居乐业，让民富国强，有功于天下，但是孔子却对管仲的品德有一点儿微词。孔子认为，在有功的情况下，管仲以三个理由向齐桓公要名、要权、要利，太贪心了。管仲说：地位低贱的不可以去指使地位高贵的人，所以你要给我地位；穷人不可以去治理富人，所以你要给我钱；跟你关系疏远的不可以去治理跟你关系亲近的人，所以你要给我权。

孔子认为这样的贪婪是有损私德的，所以孔子的眼中，贪欲太大就成为管仲在器识上的瑕疵。

孔子进一步认为，管仲以下僭上，他的身份还不到诸侯的等级，他却去享受诸侯的待遇，孔子认为这是不当的，人要守住自己的本分。

颜回过世后，颜回的父亲问孔子，能否把孔子的车卖掉换钱买棺材埋葬他的儿子。孔子拒绝了，为什么他不能为自己最钟爱的弟子做到这一点呢？因为孔子是士大夫，车是士大夫必有的，他不能做违背他的身份的事。这叫做合乎礼。而在孔子看来，管仲没能克己复礼。孔子认为管仲在守德上有失，在行德上有亏，因此管仲是个器小之人。

后世的杨雄对于"器"，有过非常明确的解释。他说大

成器比成功更重要

器就像规矩、准绳一样，必须先要自治，然而再去治人。圆规本身就是正圆的，它才能帮助人家去画出正圆；而矩本身就是正方了，它才能够让人家用它得到一个正方形。所以一个人的大器，就得像规矩一样自治，自己先做到守规矩，分寸不差，之后才可以去治人，才有资格去治人。

苏轼也曾感慨于管仲之所为。他认为，管仲有才能，但遗憾的是他不善自规诫，正行其身，所以他"家有三归之病，国有六嬖之祸"。为什么管仲会这么贪婪、这么奢侈、这么过分地去享受？就是因为他不学道，不诚意正心，对此孔子也不认同于他。我们也因此可以理解，孔子认为一个人要成大器，首先必须守规矩。守规矩是要靠克制自己才能做到的，也就是"克己复礼"的功夫。

《书经》里也有相应的说法。地位低的人，需要守的德只有一个，但是地位越高的人，要守的德也就越多。你层层上升的时候，随着你的地位的升迁、年龄的增长，所需修行的德行也要与日俱增。你的"德"跟你的"位"要能够并驾齐驱，才不至于产生不良的后果。

> 地位低的人，需要守的德只有一个，但是地位越高的人，要守的德也就越多。

可见，孔子是从非礼的角度去批评管仲的"器小"。孔子认为，成大器和私生活的守分、简约有直接的关系。管仲虽然做了大事，但是他的私生活的瑕疵却会影响到他人生的格局。要成为高人，你必须守的规矩也要比别人多。

佛教亦复如此要求。对一般的信众来说，所要遵守的戒律是比较少的；但是一旦出家了，要守的戒律就多了。

当成为当家和尚的时候，要守的戒律，更多达百条以上。戒律守得越谨慎的人，他的人格品位就越高，格局就越大。这就是"克己复礼"的效用。这也就是我们要不断地、精益求精地要求自己，提升自己的品位的原因。

小瑕疵会成为人生大失败的源头

孔子不放过小节，因为小的瑕疵会成为人生大失败的源头。"勿以恶小而为之，勿以善小而不为"。人因为恶小而不经意地做了之后，小事的劣性就已经种下了败亡的种子。失败不是一天、一件事造成的。看得见小事的人，才能看得见大事；相反的，看得见大事的人，却往往看不见小事，而小事一旦有裂隙，常是毁败的根苗。

《周易·坤文言》中说，儿子杀父亲，臣子杀君王，都不是一朝一夕造成的，都是因为在小事上有了嫌隙。这些小事累积之后，就渐渐地变成了抱怨，然后变成了恨，最后变成了仇，终至造成不可收拾的后果。

《易经》的"易"要教给人的就是，知微、知渐、知积。《文言》上说：积善之家必有余庆，积不善之家必有余殃。细微小节的差误是不可以疏忽的，这是知微；改过错误是要渐渐地、慢慢地，这是知渐；积累正确的观念，才可以真正达到改换生命、创造生存机会的结果，这是知积。

事业的久长度与器量大小成正比

一个人所做的事业的久长度，是跟他器宇的大小成正比的。管仲得权、得名、得利，但是不以其道得之；齐桓公的位子是杀了自己的兄弟得到的，也是不以其道得之。

成器比成功更重要

在这种情况下，人的器小，他就没有办法成就王业，而只能成就霸业。霸业是暴起暴落，上去了很快就会下来，不可持久。所以一个人在做事情的最初，你的器量、心量跟动机，就已经决定了这件事情本身的价值，也决定了它能否持久。并不是外在的环境决定了成败，而是自己的器量决定了成败。换句话说，是非成败，都是由人自己的"心量格局"来决定的，而人最重要的就是要大器、大度。

> 一个人在做事情的最初，你的器量、心量跟动机，就已经决定了这件事情本身的价值，也决定了它能否持久。

很多人会以为，守规矩的是傻瓜、笨蛋，是不懂得变化的人。其实大错特错。孔子以"功大器小"来批评管仲，也就是表达了他的根本态度。所有要成就一番事业的人，要在意培育自己的器量。生命的格局需要自己不断地学习规矩、守规矩，使自己能够成为仁的准绳、仁的标杆，由普通的俗人而达到高人、贤人，达到君子，这就是对生命最重要的创造。

行道、闻道的目的，就是让自己成为一个有格局的大器之人，使得自己的私德不受人诟病，使得自己的私德不至于阻碍了自己的功业。所以修德是成业的基本要件。

下一章我将谈生命的圆满之道，怎么样让生命能够圆满？怎么样让生命能够精彩？这个圆满之道，就是生生的改过之道；精彩之道，就是所谓的成德之道。

第七章　让生命大圆满
——避祸之道

人常常为了面子而不愿意承认自己的错，死不悔改，这是我们常犯的毛病。不悔改往往有两种处理方式：第一，诿过于人；第二，粉饰遮掩。

上一章我们谈到，孔子认为的人道的最终目标要达成三个道。第一个就是，让我们的生命有格局的成器之道，而生命有格局，最重要的是要能够通过学习，让自己守规矩，能够克己复礼。接下来我们要谈的是，孔子所说的第二个道——生命的圆满之道。

生命的圆满：改过与避祸之道

孔子认为，改过可以化解灾难，而没有灾难和祸患的人生，就是无咎的、幸福的人生，这就是孔子的人道要达到的第二个目标——避祸之道，也就是改过之道。

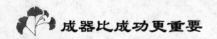 成器比成功更重要

用心于小事可以避免出大错

当我们在日常生活伦理中能够把小处的规矩守到的情况下，我们才能够慢慢地发现自己的错误而给予修正，最后达成生命的圆满。所以有格局，是达成圆满生命的先决条件。

有一个关于美国福特汽车公司创始人福特先生的故事，在很多励志书中都被提及。当福特先生还是一个穷小子的时候，他去应聘一份工作。他是靠什么被主考官选中的？就是他低下头去捡一张地上的小纸片。主考官发现，虽然福特先生的学历没有别人的高，社会背景也没有别人来得大，但是他会在小事上面特别地用心。能够用心于小事的人，必然能够用心于大事；而只能用心于大事的人，却常常未必能用心于小事。福特先生的成功，跟他的格局息息相关。

> 能够用心于小事的人，必然能够用心于大事；而只能用心于大事的人，却常常未必能用心于小事。

当一个人能在小事上很注意，私生活上能非常克制自己时，他出错的几率，尤其是出大错的几率，也就不会太大了，他要选择去创造自己圆满生命的道路，也就容易得多了。

及时改过，不二过

孔子在晚年，颜回过世之后，分别回答鲁哀公跟季康子的问题：在你的弟子中，哪一个算是好学之人？孔子说，

只有颜回，其他人都不算，可惜他现在已经死了，再无别人了。接着他回答鲁哀公说，为什么就颜回好学，而其他人算不上，是因为颜回不迁怒、不二过。

不迁怒、不二过，听起来不是什么了不起的成就，有那么重要吗？所谓的不迁怒，就是不拿别人当出气筒，自己生气，不找不相关的人发泄。这一点看起来容易，做起来其实非常不容易。可以回想一下，在你的一生中，多少次迁怒别人，无论是你的下属，还是你的家人，往往离你最近，最相信你的人，常常需要承接你的怒气。你可以控制别人，控制事态的发展，但是你往往很难克制自己的愤怒和其他坏情绪。

前面讲过，一个能够克制自己情绪的人，尚且不能算是仁人，那不能克制自己情绪的人，当然不能够算是好学之人，所以要学的话，就首先要学守规矩。第一步就是要克制自己不当的情绪。

不二过有三个不同层次的解读。

第一个层次，是最普通的说法，颜回偶然犯了过错，下一次就不会重犯他曾经犯过的过错。也就是错了一次，绝不再错第二次。我们常听人说，一次犯错是偶然，两次犯错是疏忽，三次犯错就成了白痴了。可是我们自己却常常是一错再错，同样的错误，今天说明天改，当下不改，明天又重犯，改正被无限期地推延，在同样的事再度出现的时候，我们并没有准备好改正的决心，更没有改正的行动。

第二个层次在《易传》里曾经提及，颜回只要有过犯错，自己一定知道，他一旦知道了，就不会再犯了。也就是说，当他再有了错误的念头的时候，他心里就立刻会觉察到，一旦觉察之后，他就立刻杜绝，所以就不会再在行为中表现出来。我们可以看到：第一个层次是说已经做出来，只是以后不再犯；而在第二个层面，是连脑中有过不好的念头，都可以通过自己的直觉发现，这是一种要求更高的察己的功夫。所谓一日三省吾身，就是在一日之间，多次反省自己，这就是察己。

第三个层次境界更高。所谓的不二过，不是说今天有过，我改了；明天我又犯一个新的过，我又改了；后天，我又犯了另外一个过，我又改——天天都犯错，天天我都改。不二过应该是，当我看到不善的时候，我就有一番改变，在改过当中，心灵境界会获得提升，从此之后，同类的过我都不会再犯。这就是孔子所说的举一反三的效果。

孔子就说，颜回的不二过，是一次犯错以后，同类的、相似的，或者可以引申发挥的错，他统统不犯了。当心灵非常清静的时候，就能够达到长时间不违仁的效果。

我想，颜回不二过的不同层次，对不同年龄层的人，都可以用得上。也许我们年纪小的时候，没有办法达到最高的层次，只能做到今天犯的错以后不再犯；年龄再大一点，就会在自己的心里去省察，发现错误的思想，在没有做之前，防患于未然；到了年龄更大的时候，我们更能够体会，有很多事虽然表面不同，但却有其相通之处，我们也就可以用一事的智慧，推之于其他事情上，同类的错通通不会再犯。这样才可以到七十岁的时候，从心所欲、不逾矩。举一反三是要用过去的经验面对今天的事，遇见新鲜的问题，依然不会犯错。按照年龄、按照境界、按照时间累积，人不仅能够增长阅历，而且增长智慧。

颜回的不二过，是孔子教化的最后目标。在孔子的心目中，行人道最终的目标就是不要再犯过错，修己之过是修身的重点。也正因为如此，孟子才会强调存养，保存原来的善心善念，不要丧失。

人非生而知之，总会犯错，知道了以后，要及时修正，类似的错再也不犯。哪怕心念上的恶念，都不容许它存在，同类的错误更不会让它发生。这样人的心就可以越来越纯净，越来越高尚，越来越可贵。

孔子认为，改过是人人都可以实践的功夫，不是靠背诵记忆。你读圣贤书读了一大堆，圣人君子做到的，你自己没做到，你还是小人，读多少书都没用。改过之道，是在实践中去揣摩和完成的。

改过就要学察己的功夫，就是检讨省察自己的言行举止。

人常常为了面子而不愿意承认自己的错，死不悔改，这是我们常犯的毛病。不悔改往往有两种处理方式：第一，诿过于人；第二，粉饰遮掩。

死不悔改的两种表现

普通人通常在碰到挫折和灾难的时候去埋怨别人，常常会问，为什么我那么倒霉会碰到这样的事？为什么他那么好，那么幸运？

虽然我们常持有抱怨的心态，其实自己心里并不快乐，而更要紧的是，抱怨会给人带来灾祸，也就是人祸。为什么呢？当我们把责任、过错推卸到别人身上的时候，我们

成器比成功更重要

以为这样可以减少别人对自己的责备，减少别人对自己的处罚，可以躲过责难，其实大不然。因为当你诿过于人时，在别人的眼中，你不承担，不坦白，充满畏惧和愤怒，你就是小人，是会被人唾弃的。做人的失败，其实是人生最大的失败。事业的失败是一时的，做人的失败是一生的。

> 做人的失败，其实是人生最大的失败。事业的失败是一时的，做人的失败是一生的。

《后汉书》里说："得失一朝，而荣辱千载。"得失是在具体的事情和财富上，是一时的，一段时间就会过去了。可是你这个人到底是不是一个君子，是一个光荣的还是可耻的人，别人是否看得起你，却是永远的事。

一个人成为小人，就会永远落下骂名，这是挥之不去、摆之不脱的人祸。外在的天灾固然难免，而人祸是自己找的。勤于改过，不诿过于人，就可以避免这样的灾难。我们常听说一句话，"自作孽，不可活"，什么意思呢？人一旦置身于恶事或者不善之地，虽然不是很严重，但会招来天下恶名、骂名都集中在自己身上。这可是最大的人祸了，人是无法承担的，就会走投无路。

在《论语·子张》里，子贡曾经以商纣王为例说：其实商纣王原来也没有像现在传说中的那么坏，他是有点儿坏，但是还没有到后人所说的，坏到无以复加的地步。但是因为他坏，所有的恶名就都投射到他身上去了，这是恶名昭彰的结果。

要躲过自作孽而招来的人祸，改过就成为唯一的途径。

所以我们说，改过是避祸的前提，避祸是以改过为手段的。

许多人是在遭到苦难之后才去学，还有更多人是碰到了穷困之后还不去学，或者是学了以后还不肯改。那就等而下之，无可救药了。在没有学习人道之前，我们难免会犯过错。只要去改正它，就可以化解掉。《论语·学而》提到，孔子特别强调"过则勿惮改"。有了过错就别怕承认，错了就来修正、弥补，"亡羊补牢，犹未晚矣"。最怕的是有过不改。《论语·卫灵公》里提到："过而不改，是谓过矣！"有过不肯改，那就真是大错特错了，知过而不改，任意放纵过失，这就会使得自己的过错越来越严重，而小人跟君子的差别就在这里。君子通常无心犯过，不会刻意去掩饰过错。等到发觉犯错之后，他会用积极的心态去承认、去面对，并且尽力改正过错，于是他的犯错机会就越来越少了。

有人问孔子的弟子子贡说："孔子就从来没犯过错吗？"子贡说："有啊，但是孔子从来不掩饰自己，因为他是无心去犯的。君子（孔子）之过，如日月之食，大家都看得见，但是改过之后，就如阴影过去以后，日月还是一样的光亮，大家还是会一样的景仰他，完全不损及他的威信。"可是小人就不一样，小人是明明知道有错却故意去犯的，叫明知故犯。做错之后，又急于掩饰，而这掩饰的目的就是不让人发现，暗度陈仓，让他的目的可以达成。这样的人当然不会愿意去改过了。

《论语·子张》中提到，子夏说："小人之过也，必文。"指的就是这种情况，所谓"文"，就是要掩饰，要装作一切自有理由。如果实在不能逃脱，就要推卸责任，找个人来做替罪羔羊。一个小人,不管他掩饰的本领有多强,总会被发现,只要被发现,就会引来大的灾祸。所以说小人成不了器,没有办法担当大的事业,就是因为他一直处在危险之中而不自知,或者自鸣得意,为了眼前的小利不择手段,这种人不论做事的本领有多强,都会面临全线崩塌的结局。

总之,改过必须有宽大的心量。没有宽大的心量,人会死不认错,坚持到底,把自己推到无路可走的死胡同里去。

人生的圆满,需要时时查过、时时改过,把心修在正道上。不行正道,就没有办法认识自己的过错,所以必须知道什么是正的,才知道什么是错的。西方哲学家笛卡儿有一句类似的话,但是正好相反。他说,我要知道什么是错的,我才知道什么是对的。其实这是两个前后互补的说法。经历过这种对对错错的不断探知,直至找到最后的对,就是人生的过程。

第八章　让生命真精彩
——成德之道

> 义的目标，是为了达到善的终。种下花生的种子，长出来的不会是大麦。在事未发之时，就要小心，把握机会。这就是慎思。

首先我们把前面讲的内容做个简单的总结。

孔子的人生时教，就是指导我们怎么样通过这一辈子的时间，做一个人生丰满精彩的人。每个人从幼年、少年、壮年到老年，每个时段都具备不同的条件，所遭遇的事和人也有所不同，产生的问题、困难和艰险自然也不一样，所希望达到的幸福、所希望达成的生命状态，每个人也会有所不同。面对这些不同的人生阶段，如果能随时修正自己，用智慧来补足自己的缺陷和不完美，达到圆满和精彩的境界，我们就把它称为人道。

走在这条道路上，我们的目的很清楚，就是成善。善的人必然美，善的人必然真，所以成善就可以兼顾成真、成美。而在成善的过程中，时时需要"义"来保证它的方向和目标是一致的。义就是适合、恰到好处的意思。每一

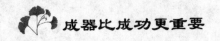
成器比成功更重要

个时段所做的事都能恰到好处,那么累积起来的人生也就没有偏差,不会有"过"与"不及"的错误。

当人生所犯的错误越少的时候,所招来的祸患也就会越来越少,这样我们就可以达到三种不同的成就——让生命有格局,让生命圆满,让生命精彩。

学习的终极目的

孔子强调,学了之后要行,行的结果就叫做"得"。能够得到这个行道的权宜审度,或者得到知的正确度,这个时候叫做"行道有得于己者,谓之德也"。有德的人能真实地成就其生命的美与善,这就是学与习的终极目的了。

鲁哀公问孔子:"在你的弟子中,有几个人是好学的?"孔子回答说,就颜回一个人,现在他已经死掉了,再也没有了。这说明孔子认为在三千弟子七十二贤人当中,只有颜回一个人满足了好学的条件。

孔子为什么这么看好颜回呢?就是因为颜回有着超群的德行,是个有德的人。他特意指出了两点:"不迁怒,不二过。"不二过的意思是不犯同样的错误,这也意味着颜回在不断地"行己而有所得道"的过程中,修正自己的错误;不二过,它有很多的层次跟境界,在前面的章节中已具体谈到怎么修正叫做不二过。

德的产生,是非常困难的。孔子说当你行道以后,会得到一个成果。这个成果是什么?就是具备德行。一个有德行的人,生存是没有问题的,生命也是非常光彩的。为什么？因为他走在仁道上，他有心得，他真正地领悟该怎么走才是对的。这时候，他就是真正的有德之人。

而"有德"到底难在哪儿呢？首先难在知德，其次难在行德，最后也是最难的还在守德上。

知德难在何处

首先，知德就很难。《周易·系辞下》里提到：要想具备德，就要先懂得德本身具有九个条件，就是德之基、德之柄、德之本、德之固、德之修、德之裕、德之辨、德之地、德之制，并以九个卦来配合说明德的这九个条件。孔子说：履是德的基，谦是德的柄，复是德的本，恒是德的固，损是德的修，益是德的裕，困是德的辨，井是德的地，巽是德的制。

正因为德所具备的条件非常繁复，所以孔子说："作易者，其有忧患乎！"他的意思是说，作易的周文王有忧患意识，因为德要求的条件太多，所以周文王担心人文之教很难风行。他既担忧一般人不知道德的重要，又担心一般人不知道应该学习行道，更担心一般人学了之后却不懂得活用。《论语·卫灵公》里提到，孔子跟子路说："知德者鲜也！"孔子甚至强调自己也不是生来就知德的，是因为好周文王之道，然后奋勉努力才知的。

而知德以后，有什么好处呢？这九德若发生在我们的行为态度上，它就能产生九种有益于我们生存的功效："履的和谐相处、谦的克制守礼、复的自我反省、恒的道德专一、损的远离危害、益的产生利益、困的减少怨尤、井的辨明道义以及巽的通权达变。"

成器比成功更重要

　　九德有如此的效果,但是光要知道九德,已经很困难了,实际施行这九德就更困难。你要想有了德、做了德,还要把它守住,更是难上加难。要真正地行道,就因为有知德、行德跟守德的困难,所以孔子才会说,你要有志于学,才能够克服这些困难。你如果不立志学道的话,你会一碰到困难就想撤退,再碰到就拒绝学习了。

　　学习道与德是需要立志的,在立志之前,你必须先学习知德。知德的步骤是:先闻道,也就是先要增广自己的见闻,如学诗、学礼、学易,来了解人道的作用及其条件;之后,才会发现自己有哪些缺欠和不足;然后,再通过努力的"自反、自强",去时习中改过修正,使自己在为人处世中,真正领略到所谓"此一时,彼一时也"的区别,及"恰应当"的分际,这才能说是达到了"知德"的境界。它与我们现代人所说的知——仅指"听到过或记得住"的简单要求,是完全不同的!

　　孔子认为:学必须在习中去实践,而习必须以学为基础;闻道是达道的基础,达道是闻道的目的。行的结果是有所德于我们的心中,使我们真正做到知得正、行得正、守得住,这就叫做德。在德中有道,依道而行,这就叫做得道。但是孔子也说,德是要在行的过程中不断修正才能完成。所以,他认为知德的人是很少的,行德跟守德的人就更少了。为什么行德跟守德的人会更少呢?

行德、守德难在何处

　　《论语·卫灵公》里谈到行德和守德的三个层次。
　　第一个层次,"知及之,仁不能守之,虽得之,必失之"。他是说：就算你知道了这个道要怎么做，但是如果在你做的时候，不是真正满怀爱人之心，为对方着想，那你就不能长久地守住这个道；做一次可以，做不了两次，更做不了三次。你可能在想到时会做，在别人看你的表现的时候也会做，而这些条件都不存在的时候，你可能就不做了。所以，你虽然是一时有德了，但终究又失去了，守不住。

第二个层次，"知及之，仁能守之，不庄以莅之，则民不敬"。就算你在管理别人、跟别人交往和相处的时候，你真的用仁爱的心对待别人，你也真正去行了道，但是如果你的态度不够庄重、不含"敬"意，你的表现也是马虎、敷衍、随便和苟且的，在这样的情况下，别人仍然会因为你的态度不庄敬，而不领情，反过来会指责你、轻慢你、甚至瞧不起你。

第三个层次，"知及之，仁能守之，庄以莅之，动之不以礼，未善也"。就算你的态度也够庄敬，你对待别人也有仁心，但你在跟他交往的时候，你想叫他做什么却不合乎礼（礼就是合乎时宜、恰到好处），就算你所做的事在时间上对，方法上也对，也是他需要的，那么你所做的一切，仍然还是不够完善的。

所以真正的行德，是要能够让对方真心地感觉到，并且欣然接受，这实在是一件极不容易的事。既要知道怎么做，又要有一颗仁心，还要态度庄重，同时还要在方法上合乎礼，时间上还恰当。自己能做到这一切，已经是很不容易了，但就算真做到了，这还不算成德了，还必须要求自己，让这所做到的一切，能使接受方无怨尤，也就是在

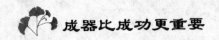
成器比成功更重要

行德的过程中，必须不断地修正自己的心态与做法，以满足对方。这需要不断的提升，没有止境。这才是"守德"真正最困难的地方。

在与人相处之中，随时修正自己的德行，这才是真正的所谓修养。能修正到时时都合乎礼与义，这就是修德。而修正也就是补过，在补过的状态中，人的生命越来越精美、圆满，也越来越光彩。《论语·述而》中曾提到："加我数年，五十以学易，可以无大过矣。"为什么学易可以无大过？因为易道，指的就是随时顺着客观"变化"而适当调整自己的人道；因为能及时、适当调整自己的偏差，所以就可以"无咎"、"无大过"了。无咎的生命状态就是人的至善的生命状态，既可以自己无祸，又可以助人互生，更可以无忧至乐。这时候，就是修德有成的成德之人了，也就完成做个君子的学习了。

生命的精彩：成德之道

孔子跟子路、子贡、颜回三个人谈话。孔子问："什么是智？什么样的人叫做智者？什么样的人叫做仁人？"子路说："让别人了解自己的人，就是智者，让大家都爱戴的人，就是仁人。"（知者使人知己，仁者使人爱己）子贡说："智者就是了解别人的人，仁者就是能爱护别人的人。"（知者知人，仁者爱人）颜回则说："智者就是有自知之明的人，仁者就是能自爱的人。"（知者自知，仁者自爱）

孔子对他们三个人的回答给出的评价是不同的。孔子认为，子路是个士人，子贡是个"士君子"，而颜回则是贤明的君子。为什么颜回的回答能让孔子如此满意呢？自知，就是我知道自己的弱点，我来修正；我知道自己的缺点，我来弥补；我知道自己的不足，我能积极地行道。自爱，就是我克制自己，不放纵自己，不贪求，不迁怒，不二过。

颜回所说的就是孔子的成德之道——自知之后，才能以道来修正自己，才能成德，才能成就人生的精彩。就如同庄子所说的逍遥自在，唯有逍遥自在的人，他的生命才是流畅的，广大无边的，它的精彩才能够呈现出来。

让生活无惧无忧

一般人的一生常常处在忧虑与恐惧之中，难以跳脱出去，成为痛苦的根源。西班牙有一位很重要的哲学家，他说人跟猪最大的差别就是，人会烦恼而猪不会。他曾问人们：如果今天让你选择，你会愿意当一个烦恼的人，还是要当一头快乐的猪？在现代，我们常常会听到有人说，追求快乐比什么都重要。但其实，人宁可当一个烦恼的人，也不会去当一头没有智慧也没有烦恼的猪。

人确实会为很多事烦恼。有简单的、根本无伤大雅的芝麻小事，比如为头发的长短而烦恼，为身材的胖瘦而烦恼，而实际上不胖不瘦恰到好处的人几乎是不存在的。也有麻烦的事让人烦恼，行不通的事更是让人很烦恼，甚至是，事多了烦恼，事少了也烦恼，没事更烦恼。古代刘太医就说：太闲了，会让人生病的。

如何能摆脱或除去这如影随形般的烦恼？这正是东西方圣人都努力寻求的智慧，路径各有不同，却殊途而同归。

成器比成功更重要

孔子所悟得的窍门就是学做君子。司马牛为忧所困，就去请教孔子。孔子回答说："你学会当君子，就可以无忧无惧了。"司马牛不明，再问："难道不忧不惧，就可以当君子了吗？"孔子回答说："你内省不疚，何忧何惧？"你问心无愧，何来的忧，何来的惧呢？你若是个君子，就一定会即时改正过失，时时自我反省，反省到再也不觉得还有惭愧，不觉得自己还有没改正的过错，于人于己都没有不该的地方，你当然就没什么好担忧和恐惧的了。所以，孔子说的意思是，不是你不忧不惧就当了君子，而是说你当了君子以后，就可以不忧不惧，本末不要倒置。所以学习成为君子，是通往无忧无惧生活的最好途径。

要做一个真正精彩的、圆满的人，就要做君子。当君子的必经之道，就是学人文之道，要合情、合时、合义地来待人接物。合时是智慧，合情是真心，合义是守分寸、有尺度、讲规矩。人的最高境界是，面对任何事情都是有理性的，在与人相处的时候是真情流露，有赤子之心，做事的时候有不犯错的智慧。这样的人是真正的成德之人。

而在这个过程当中，以合时最为重要，唯有合时才能有合情、合义的效果。怎样合时，就是关键，这也是下一章要讨论的问题。

第九章　成就无咎人生
——知时适时

孔子认为，当人学会与时相应，真正知道了契合时机的实用的行为，人就会成为君子，做事可以游刃有余，兵来将挡、水来土掩，做到"无适无莫，义之与比"。

我们能够成就生命的格局，让自己成为一个大器的人，心量大、肚量大、眼界大、世界大。这样的人，就像宰相肚里能撑船，没有什么事会在他心上成为挂碍，他就可以成为一个有胸襟、有节度的守德的人。

气量大的人在做事情的时候，因为动机本身是无欲无求，行为上是"无适无莫"，也就是没有什么是特别规定一定要的，也没有什么是不规定的，一切根据情况，做最合时宜的事，所以他们可做的方法跟可做的事项是全方位的，没有滞碍，非常宽广。假如一个人一定要固执去做自己要做的事，或自己主观认定的事，那就等于把人生限制于一个窄面。

成器比成功更重要

多数过错源自不明时势

成大器的人，才能够成大业，在时间中看准了可行的、有条件的事业去做，这个事业是合乎时宜的，它一定会成功。若是逆势操作就很难成功，因为如果不管时下是什么情况而硬要照自己的意思一意孤行，障碍重重肯定是不会成功的，有时还会带来灾难。做一件事如果条件不具备，时势不支持，反其道而行之，当然会遇到艰险困难，最后做不成。

一个人一辈子要能够成就一番大事业，不是说赚多少钱、地位有多高，而是说让自己的生命发光，让自己成为一个不可替代的人。所以，人毕生最大的事业，应该是成就自己的善生命。

> 人毕生最大的事业，应该是成就自己的善生命。

比如一个做母亲的，在家里成为不可替代的人，她就是一个成功的母亲，一个大器的母亲。所谓成大器，是说你是否让自己生命的光彩发挥得淋漓尽致，你是否有大胸襟，为人而不为己，不贪婪，守本分，把每件事都做好。

再比如我是个清扫道路的清洁工人，职位虽不高，但只要我扫地时很用心地扫，不敷衍了事，也不怕费力气，我把每一个地方都扫得干干净净，连路旁角落我都顾及到了，没有别人做得比我更好了，那我就是最佳的清洁工人，一个有器量的人。所谓有格局,并不是说人大到一口吞进西江水,而是说你是不是真的把你的生命用在守规矩、去私欲、真正为他人着想上。如果能做到这些,你就是个成器的人。

不成器的人,往往凡事都是为自己的,在意的是小利、近利,短视、急切,能抓到手的就都抓到,这样的人就叫做小器的人、吝啬的人。吝啬的人是不爱别人的,不为别人着想,不理会别人的利益和感受,一心一意只抠着眼前的东西。没有远见的人走不了远路,不大器的人关怀不了天下,关怀不了周遭,不知道要把自己的生命用到哪里,也不知道自己是否被别人所需要。

> 不成器的人,往往凡事都是为自己的,在意的是小利、近利,短视、急切,能抓到手的就都抓到。

成大器的人,可以开阔自己能走的路,真正成为一个有用的人。台湾的闽南语里面,有一句话"有路用的",就是有地方让你用。有个地方的人需要你,你才能有地方施展。如果你只顾爱自己的话,就没有地方需要你,你也就一无所用了。

《庄子》里也讨论了人到底该做一个有用的人,还是该做一个无用的人,这要看你在什么地方。比如,在山上,如果你是一棵无用的树,就可以保存你的生命,因为有用的树会被当成栋梁,而长得弯七扭八、不能用的树却可以留下来,这时候无用就成为存活的条件。再比如,在市场上,如果你是一只不会学人讲话的鹦鹉,而别人想买的是会学人讲话的鹦鹉,那你可能就会因为没用而被杀,这时有用又成为存活的必要条件。人活在世上，无所遁逃于天地之间，所以你必须得有用。而成大器，就要审慎观察，看看你的位置在哪里、在做什么，在什么地方成什么器，不能搞错了地方；否则，不但成不了器，还会没有活路可走。

学会了成器的人道，才叫做明白人，明白自己在什么样的时间、处在什么样的环境和状况中。我们小时候，父母常常教我们，出门看天色，进门看脸色，那叫明白人。看天色之后，你知道出门穿什么衣服，不会穿多或穿少；进门要看脸色，不只是回家，跟别人谈事情的时候，也要查看别人的脸色，了解清楚状况，才不会做错事说错话。重视别人超过重视自己想要的，这样才能做成事。

就以说话为例，孔子非常注重言语，《论语·季氏》里提到，陪侍于君子说话，我们一般很容易犯三种过失：第一，还没轮到该讲话时，却抢先说了，叫做急躁；第二，轮到该说话时，却又不说，叫做隐瞒；第三，不看君子脸色就贸然开口，叫做瞎眼睛。

成器之后，就能够修正自己的行为，这就到达第二种成就，也就是善改过，在不同的环境中，不断反省自己的作为，修正自己的想法、手段和目标。在不同的时段，要有阶段性的目标，不能一气呵成。假如我们一下子把目标定得太高，力攀不足，对自己来说是非常大的挫折。

有许多的挫折，常常是来自于自己不明时、势，对状况判断有误差所造成的。人对自己的定位太高，而又不能很快达成，这就形成了很大的压力。登高山不是一步到顶，渐进缓上你就不会气喘吁吁，也不会绝望。在行道的过程中，修正自己进步的方案，是改过的必要条件。

我们在不知不觉的情况下做错，可以立刻去认识它和修正它，而有了这颗宽阔的心、成器的心，就不会觉得修正错误是一件可怕的事，或者是一件丢脸的事。

人常常为了面子而不愿意承认自己的错，死不悔改，这是我们常犯的毛病。不悔改往往有两种处理方式：第一，诿过于人；第二，粉饰遮掩。做错事而善改过，不会让人瞧不起；真正让人瞧不起的，是用很多手法去表明自己是对的，坚持不认错，这才会招致别人的轻视和否定。人越是证明自己正确，越要掩饰过错，就会在错误的道路上越走越远，这就造成了恶性循环。错而不改，恶名加之，人会越发走投无路，继而招来灾难，这就叫做人祸。

> 有许多的挫折，常常是来自于自己不明时、势，对状况判断有误差所造成的。

善改过，是让人生减少错误，趋向圆满。圆满的结果就是我们成为具有德行的人，所以第三个成就就是成为有德之人。有德可以给我们带来生命的生生不已和平安，让生命能量畅通无阻，让我们立足于人世，而不被别人所唾弃和排挤。

怎么去实现这三种成就呢？

第一，要有仁心；第二，你所走的路、所用的方法要有义。这个"义"字，是很难理解的。"义"字在《论语》中总共出现了24次，其中当名词使用的有21次，是指有道理、合理的行为。孟子以仁为义，仁就是义，所以，儒家的思想强调仁义。老子以道为义,所以叫做道义。荀子以礼为义,所以叫做礼义。墨子说,每个人的义都不同,十个人有十个义,用谁的义作为标准呢?墨子就说,要有一个最高的义,是从天那里来,也就是从天道、自然、客观、理性那里来的,要"正"这个义,所以,"政"者正也,要让大家相处时相安无事,必须找到一个共同的、大家都能接受的义,这叫做正义。

养成时时留心的习惯

在诸子中,"义"有不同的角度,但这是大家都共同探讨的课题。这也说明人在行道之中都会用上。孔子认为,我们一生都要学"义",义则离不开"时"。只有学"时"知"时",做到与时而易。

孔子被后人盛赞为"圣之时者",可见"时"在孔子的思想中是一个重要的核心概念,这个概念来自于《易经》。"知时"不是随便就可以学会的,第一得立下志愿来,要开阔你的心。不能只看见自己,还得要四面环顾,四下留心。怎么才叫留心呢?"大块假我以文章,世事洞明皆学问",能做到这样,就叫"留心"。

时时留心是一种习惯,需要慢慢去养成。举例说,我曾经做过一个实验,看一个人的心是不是有知时的可能。我就先问他,你是从楼梯上来的吗?他说,是的,我是从楼梯上来的。我再问,楼梯的台阶有几级。对此,一般人都不会注意,因为在走路的过程中,常常是只顾着边走边想自己的心事，路边的东西什么也看不见。

孔子给我们很清楚的指导，他知道我们会犯哪些错误，教我们怎么做才能做到。前面是给我们的大目标，给我们立定宗旨。我知道我要学，那我怎么学呢？

如何习知时，行适时

要学当下能解决问题的

孔子告诉我们，所学的必须是在当下能用的。请不要误会我这句话，这句话的意思不是说只学眼前的。所谓当下能用，是指对达成人生目标有用的。我们常说，"差之毫厘，谬以千里"，每一个当下都不能错。这绝不是指很多人讲的"活在当下"——今朝有酒今朝醉，我就只管今天，不管明天死与活。当下所做的任何事，所做的任何决策，都是为了格局的培养、为了生命的圆满和精彩。每一个当下都要考虑到最终，在终点的立场考虑当下，慎始才能善终。每一个当下都是终的始，所以对每一个始都要认真思考。

在《易经》中有"终始之道"，就是同样的意思。终点是今天起点的结果，因此我对每一个起点都要小心谨慎。一个人的明天能怎样，一定操之在自己当下的手上。今天你告诉自己要成为怎样的人，以后你才会成为怎样的人。

成器比成功更重要

> 一个人的明天能怎样，一定操之在自己当下的手上。今天你告诉自己要成为怎样的人，以后你才会成为怎样的人。

人不能为自己最后的结局推卸责任，而必须负起自己一生的生命成果的责任。指责老天对我不公，环境对我不好，父母没有教好我，都是大错特错的。所以我们要学当下要用的，否则若只知道定高目标，眼高手低，就不能践行。

要学会慎思远虑

孔子认为人要在慎思远虑的情况之下，才能够真正地认识当下自己到底要什么。这个"虑"在西方，就是一个逻辑——我要怎样从这个前提推到那个结论，是有结构的，不是混乱的。在远虑的情况下，你才能认识当下的时机，才会做对你眼前的事。《论语·卫灵公》中提到："人无远虑，必有近忧。"远虑是什么呢？远虑就是人道。

进而，孔子认为人还必须学近的思。远者谓之虑，近者谓之思。也就是要看清楚，当下该做什么，在事情未发之时，想清楚要怎么做才是跟目标相应和的。

《论语·季氏》里提到，君子有九思：看的时候，要考虑看明白了没有（视思明）；听的时候，要考虑听清楚了没有（听思聪）；脸上的颜色，要考虑是否温和（色思温）；容貌态度，要考虑是否庄矜（貌思恭）；说的言语，要考虑是否忠诚尽心（言思忠）；对待工作，要考虑是否严肃认真（事思敬）；遇到疑问，要考虑怎样向人家请教（疑思问）；

将要发怒了，要考虑有什么难以收拾的后果（忿思难）；看见可得的，要考虑是否应该得到（见得思义）。

君子是万变不离其宗的，立定宗旨之后，行事是可以变化的，这也就是义的道理。义的目标，是为了达到善的终。种下花生的种子，长出来的不会是大麦。在事未发之时，就要小心，把握机会。这就是慎思。

> 义的目标，是为了达到善的终。种下花生的种子，长出来的不会是大麦。

要培养相处时的敬心

孔子认为，要学"敬"，也就是和别人相处时的态度。"君子敬而无失"，在和人相处的时候，心里存有敬，就不会有过失和错误。为什么"敬"如此重要呢？因为人都是好逸恶劳的，在不知不觉中常常会松懈。昨天的成功带来今天的欢乐，今天的欢乐就会令今天的事情松懈了，"敬"是让自己随时随地不松懈。

敬心的培养是非常困难的。我问朋友："你做事认不认真？"他说："我非常认真。"认真到什么程度呢？夙夜匪懈。可是为什么就算如此，还有些事情没做好呢？因为做事的时候是多头马车，东一下西一下，每件事情都做了，但每件事都没有认真做。认真是什么？是一以贯之，专一精微。

我们对于想要做的事情往往会很马虎，都不太认真。想不想学？想，但是女士们总说今天没时间，要去买条长裤；明天也没时间，孩子发烧；后天还是没时间，因为要去烫头发。男士们总说今天没时间,因为有个应酬;明天也没时间,因为有个会议要开;后天还是没时间,因为要参加狮子会……很多事情还没有做,心就已经松懈了。

人对于真正想做的事,常常夸大它的难度,拖延它执行的时间,以谋取心中片刻的轻松,这就是不敬。不敬的心是没有办法学成德的,要在当下的每一秒钟都把心放在上面。

总之,在孔子看来,学要用在当下,慎思远虑,同时还怀有敬心,学的结果就是能成为一个不失时的人。不失时的人能够成为"居仁由义"的君子,所做的一定都是正当的、合义的,是大家都觉得对的。最重要的是,可以让生命成其善终,开花结果。

最后,当你完全做到了以上提到的三个方面时,你就能轻松地分辨出对和错。在对错的选择中,是你自发主动的,你会觉得改过就是自然的。因为你自己就知道错了,主动要改,而不是等到别人指责你时不得不改。自己知错,马上改,绝对没有面子问题。

孔子所讲的方法,都是既顾了我们的面子,又顾了我们的"里子",既顾了我们的远程方向,又顾了我们的近程。这些方法是远近皆宜、内外兼顾、情理兼宜的。因此孔子的"成德之学"绝不是悬之高阁,陈义甚高奈何不能实行的空论。孔子的成德之道是人人都能做到的,假如没做到,只能说是自己错了,不能说"太大了做不到"、"太难了我不会"、"我现在还用不到、不需要"。每一个当下的生命都是不可逆的。十八岁做错的事,一辈子跟着你,二十八岁做错的事,还是跟着你,洗不掉、抹不掉。后面做对了,那叫亡羊补牢,但是能够在之前就不犯错,岂不是更好吗?比较低的期望在于做到"补之在后",更好一些的是能够防患于未然。

学这些内容,跟"时"密切相关。如果就只学习仁义礼智,不学知"时",可以吗?不可以。为什么不可以?下一章我们来讨论。

第十章　生命改造的历程
——循时而教

孔子认为，当人学会与时相应，真正知道了契合时机的实用的行为，人就会成为君子，做事可以游刃有余，兵来将挡、水来土掩，做到"无适无莫，义之与比"。

时在孔子的思想是一个关键的概念，怎么去知时，却是一件不太容易的事。

孔子认为，人必须有远虑，有近思，要学习知机，事情在未发之时，就要去了解它，在做的时候，以敬心去对待，然后通过明辨是与非、对与错，不断修正自己，就能接近"仁"和"义"的标准，让行事尽量地减少错误而趋近圆满。

生命改造的重点应依不同时龄而有别

《中庸》里说："喜怒哀乐之未发，谓之中；发而皆中节，谓之和。"中和之道，是中庸之道的最大特点。喜怒哀乐是人之常情，能够发得恰到好处，就是"和"。我们常说小孩不成熟，成人成熟，不是说成了大人之后就没有喜怒哀乐，而是说小孩子的喜怒哀乐常常发得不合时宜，该笑的时候没笑，该哭的时候没哭，哀乐的表现仅听凭自己，而不管周遭的环境。成人则是选择适当的时间，来表现他的喜怒哀乐。

> 喜怒哀乐是人之常情，能够发得恰到好处，就是"和"。

"中庸"与"易"相表里，要懂得根据场合的不同，有适当的表现变化。比如在办丧事的场合，不能谈笑风生。我们现在可以看到，在一些丧礼上，有不少人觉得，把礼金交了就是礼到了，到了就可以到旁边聊天，甚至聊到开心处——昨天的股票我赚钱了——哈哈大笑。吊唁丧者应该是敬慎其事、肃穆其心，行为言语都应该非常庄重，可是我们常常在这种场合里看到一些非常不得体的行为，就是因为人不在意，不知礼。旁观者对他评价他也听不到，这样的人品是不足谈的。这就是最典型的对"时"不明的情形。

不知时者，行之不当是常有的事。俗语说，识时务者为俊杰，把"时"认清楚了，再去做恰当的事，这种人叫做俊杰。而我们现在却把"识时务者为俊杰"误会成投机取巧、不吃眼前亏、能够在当下把利抓住的人就叫俊杰。这都是曲解古人真意，粉饰和转移自己的不良行为、小人的行径。

成器比成功更重要

要分清本末、始终、先后以决定轻重

《大学》的首章中说："物有本末，事有终始，知所先后，则近道矣。"也就是要分清什么是本什么是末，什么是始什么是终，什么是先什么是后。这是认识"时"的关键点。

前面我们已经说过，为了能善终就要慎始，每做一件事情都考虑到，它会导致怎样的结果。做任何事心中都应有掂量：何者为本何者为末，什么是非做不可的。

我以前的一位同仁，是校长的主任秘书。他说自己做事的原则就是，校长让做什么就做什么，但是有两个例外：第一，违法；第二，违背良心。

事有本末，物有终始，我们人也是一个物，我们有利人之本，也有利人之末。今天不陪朋友逛街聊天，对你做人来讲没有太大的影响。也许你跟他之间有生意的往来，必须阿谀奉承，讨好他，陪他吃饭，他才会把订单给你。如果这样做单，下一次就会更累，因为这样的所谓服务永远是没有底线的。人的欲望永无止境，你永远满足不了有这样索求的人，所以跟这样的人交往，还不如点到为止就好，省得自己将来难以应付。

分本末，分终始，分先后，这样的学习就叫做"近道"了。《论语》就告诉我们什么是本——学"时"是本，学仁、学义、学礼、学智、学信，这些也是本。但是仁、义、礼、智、信不是单独存在的，必须在与"时"的结合上，才有真正的表现。假如不和时结合，这些就不过是假象。我们在谈逻辑的时候，就会知道，任何一个句子都没有绝对的对与错，可是当它一旦跟事物、跟当下的对象结合的时候，它就有了真伪之分。比如"我手上是一支粉笔"这句话，你说是真话是假话？因为没有对象，就不能说它是真的还是假的，当我用这句话放在眼前这个手机对象身上，我说我手上的这个东西是一支粉笔，就错了。为什么错了？因为不符合事实。

所以对错的问题一定要在时里面，也就是与对象、方法、效果有关的。这些都对了，才是对。孔子也特别强调，大家在学理论的仁义，却不懂得怎么去配合时，就会产生很多不良的后果。

我年轻的时候读《孟子》，看到里面说妇人之仁是不对的。我有过非常大的误解。怎么搞的？古人对于男人女人有这么大的性别歧视，女人为仁也不对了？

后来我才慢慢理解，原来不是这个意思。妇人之仁是在判断时机上出了问题，在不该继续仁义下去的时候，人就要当机立断，不能继续宽谅、宽容，要能收能放，要能行能止，而一意姑息到最后就是姑息养奸。

不知"时"常犯有六种错误

在《论语·阳货》中，孔子跟子路有一段非常重要的对话。孔子对子路说："你有没有听过六言六蔽？"子路说："没有。"孔子说："我说给你听。"

成器比成功更重要

第一,"好仁而不好学,其蔽也愚"。好仁德而不去学习,会让人愚笨。不论对方是好人还是坏人,你都是一片仁义之心,那你就容易陷入别人的陷阱,"君子可欺之以方",你就会成为愚笨的人,被人利用。很多人被别人骗,其实不用责怪别人是骗子,应该怪你自己,为什么不会分辨好坏呢?对好人应该仁心相爱,对坏人仁爱,就是姑息养奸,助纣为虐。

> 对好人应该仁心相爱,对坏人仁爱,就是姑息养奸,助纣为虐。

第二,"好智而不好学,其蔽也荡"。好智就是以智为原则,如果好智而不学习,就容易失去主心骨,行为飘忽,进退失据。以智为原则,讲得通的我就听,讲不通的我就不听;说服得了我的就听,说服不了我的就不听;觉得有用的我就听,没有用的我就不听。"荡"的意思是什么?"放而无所归也",你抓不到你自己应该做的,把握不好你当前应该拿的分寸,应该定的行止,应该有的进退。

人通常是上去了以后就下不来,所以《易经》里说,知进而不知退是人的大患,特别是得意的人。我们常讲,得意的人是得寸进尺,往往忘记了自己的分寸、自己的斤两、自己到底能有多大的能耐,忘乎所以,最后就会不得其善终。

第三,"好信而不好学,其蔽也贼"。"贼"就是伤害。守个小言小信,受到它的约束,甚至会送上性命。

《庄子》中有这么一个故事。一个叫尾生的人跟女子相约在桥下见面,结果女子没有来,但是桥下的水却涨了起来，尾生并不离开，也不躲避，为了和女子的约定，他最后抱着桥柱被淹死了。从爱情故事的角度说，很多人可能会钦服于尾生的守信，也会感动于他的死，但是尾生真的有必要去死吗？坚持最初的约定而缺乏应有的变通，为了一点小的变故而失去自己的生命，这难道是守信的真谛吗？

《论语·子张》里说："大德不逾闲，小德出入可也。"换句话讲，呆板地遵循小德，最后可能会给自己带来很大的伤害。比如一个人承诺明天帮人去杀人，头天晚上感到杀人是不对的，就不能非得守信，去杀人不可。当知道这个承诺会造成不好的后果时，就必须当机立断，而不是说我答应人家了，所以我必须要去做。

有这么一个故事，是在美国发生的。有一个人从牢里逃出来了，跑去看他的朋友。他跟朋友说："你要替我守秘密，千万不能向警察告密，说出我的去向。"朋友答应绝不出卖他。警察找来追问逃犯的下落，朋友告诉了警察。逃犯被抓回来了，他就问这个朋友："你不是答应我不向警察告密吗？"朋友说："我没有告密。警察问我，我回答。我不是告密。"

坚持守信而忽略了大德大义，这是滥用信用。很多人容易受到仗义的蛊惑，其实恰恰做了违背"义"的事，看似会给朋友带来暂时的帮助，或者暂时帮助逃离困境，但最后往往会给朋友和自己带来更大的灾祸。

> 坚持守信而忽略了大德大义，这是滥用信用。

第四，"好直而不好学，其蔽也绞"。通常我们认为正直的人是很好的，但是正直的人要学在时间对的时候正直。发现事情不对，提建议的时候要看时机，不能仗着自己的初衷是"直"，不管时间、场合、人物，莽撞行事。有几种情况不应该直说：第一，"成事不说"，这件事情已经做成，木已成舟了，就不要劝说了；第二，"遂事不谏"，已经在计划中，正在做的事，也就不要再去谏言；"第三，既往不咎"，已经过去的事情，就不要再追究了。

直言也需要合适的方式与方法。讲直话的时候态度要委婉，让人家不觉得咄咄逼人。什么样的直话是对人有利的，什么样的直话只会阻碍事情的进展，伤害别人和自己，都要拿捏清楚。为此，在时间、场合上的选择就要有讲究。如果直言而不看时间、场合，就会急切、不通情理，其结果就叫做"绞"。所谓"床前教妻，桌前教子"，也正是这个意思。夫妻为什么吵架？因为丈夫在大客厅里说太太，指责她事没做好、做对，尽管丈夫讲的都是事实、都是直话，可是场合不对，如果是在卧室里，只有夫妻两个人的时候，丈夫怎么说都没有问题。

一个孩子看到爸爸偷了羊，就去告官，这就是好直而不好学。孔子说，我们家乡的人不是这个习惯，我们是父为子隐，子为父隐。有些时候我们要扬善隐恶，隐恶并不是姑息人继续作恶，而是暂时让他有改过的空间。一旦张扬出来，他想改都没机会了。因此，直也要考虑给别人留下余地和空间，要恰到好处。

我们常说一个词：理直气壮。实际上理直不可以气壮，气壮会伤人。理直不伤人，但是气壮会伤人。在说别人的时候，先要把自己的气调平了，把自己的仁心拿出来，将心比心，觉得自己在那种情况下可能也会犯错，也希望别人心平气和地指出我的错，而不是疾言厉色，指着鼻子大骂。

人通常对于情绪的感受是非常敏感的，哪怕是没出月的婴儿，你大声对他讲话，他都有感受。日本曾经做过一个试验，在水瓶上贴上不同的话，有赞美的，也有辱骂的，水的结晶体会表现出完全不同的形貌。被赞美的水结晶体非常匀称美丽，而被辱骂的水结晶体则是破碎难看的。日本作者江本胜把这些结晶体的照片拍下来，写成了一本书《水知道答案》，在全世界引起了很大的反响。"水尤如此，人何以堪？"水都能感知情绪的正负，更何况是人呢？

第五，"好勇而不好学，其蔽也乱"。一个盲目勇敢的人，往往什么都敢做，如果不学分寸，往往会莽撞作乱，祸乱社会。

第六，"好刚不好学，其蔽也狂"。这种人，我们还真是觉得无可奈何的——"好刚"，什么都不要，天不怕地不怕。我们常说无欲则刚，虽然你是刚毅木讷之人，无所求、无所欲，但是也必须在适当的时候去表现你的刚。好刚的人如果不学时，不知道用柔刚相济的方法去表达，往往就会狂妄，去抵触别人。狂妄而抵触人的人，随时都会伤害别人，跟其他人针锋相对，很难与人和谐相处，也难以立足于世上。

在这"六言六蔽"中，我们可以看到，有许多毛病都是子路犯的。孔子对他的教化很有针对性，当然，也很有普遍性。这些话都是告诉我们要学"时"。该做就做，不该做就不做；该改就改，该行的正道就要做出来。孔子认为，当人学会与时相应，真正知道了契合时机的实用的行为，人就会成为君子，做事可以游刃有余，兵来将挡、水来土掩，做到"无适无莫，义之与比"。

循时也要心怀天下

在所有的学生当中，能做到与时相应的大概只有颜回，其他人多少都有一些欠缺。孔子对他其他的学生有很多点评，在《论语·先进》里收录了一些。他说，"柴也愚"。柴就是子羔，子羔就是比较典型的好仁不好学，"其蔽也愚"。"参也鲁"，参是曾参，也就是曾子，曾子是比较鲁钝的。"师也辟"，"师"就是颛孙师，"辟"就是很偏激，勇猛但是偏激，行事不适中，不够恰到好处，不够调和。"由也喭"，是说子路非常鲁莽。

我们反观自身也会发现，他指出学生的这些毛病，我们通常也有，这大概可以稍有安慰。但是这些毛病，是可以学而改之的。这也是前面我们说到的，为什么孔子教人的时候，不分贵贱、不分品行，只要有向学的愿望就好。正是因为学习是可以让人改变的，学了就会变善。

过与不及都是错

孔子还另外批评了两个很有意思的学生。"子张也过"，子张做事情常常会过度；"子夏也不及"，子夏做事往往不到位。孔子评价说，过与不及都是一样的有问题。这也就是我们常说的"过犹不及"的来源。很多人认为，事情不怕做过，就怕没做到，或者相反，做过了就坏了，还不如做一点看看再说，这些在孔子看来，犯的都是一样的错误。不同的人，因为不同的生理、不同的性格、不同的成长环境，养成了很多毛病，这些毛病都需要去修正，也是可以去修正的。

最后孔子提到，"由（子路）也升堂矣，未入于室也"。意思是说，子路只是我的升堂弟子，还不是入室弟子。谁是入室弟子呢？颜回。

要有兼善天下的胸怀

孔子把学生分成了四个层级。这四个层级是由外而内划分的。第一个层级是门人。门人站在门口，要学习洒扫，对所有的事情都会应对，学习相时进退。

第二个层级是弟子。进了门之后会进入天井，前面是厅堂，弟子就是在天井里的人，也就是堂前。弟子学什么呢？入则孝，出则悌。除此，还要学谨而信，泛爱众而亲仁。

第三层是登堂的弟子。到堂屋里来的登堂弟子，是像子路这样常年跟随孔子的人。

第四层就是入室的弟子。入室的弟子就是颜回，颜回能做到"其心三月不违仁"。由孔子的门人、弟子、登堂、入室，循序而进，可以成为入室弟子，只要心向往之，就一定能做到。

我们常说，取法乎上，仅得乎中；取法乎中，就仅得乎下。很不幸的是我们现在都取法乎下，我们就只能仅得乎下下了。要当上等人、中等人、下等人，就看我们自己要效法什么样的模范，模范的高与低，就决定了我们最后能成为高人还是低人。

孔子的最终目标是要培养士人的。士人是什么人呢？是替天下人做事，为国家、为社会做事的人。所以孔子认为，人要成为君子儒，既成为君子还要成为儒。也就是说，要贡献社会，不能只做自己，还要有兼善于天下的胸怀。所以孔子"时"的概念中，也包含了为天下。这个"时"不只有我自己的需要，还包含着天下当时的需要，所有人的需要。

没有尝试之前不要画地自限

面对这样高的要求，孔子的弟子冉求就说，这太难了，我知道自己都已经不容易了，还要去知天下，我不是不喜欢老师您的道，而是我的能力不够，我没办法。孔子说："力不足者，中道而废，汝今画！"也就是说，力不足的人，也要做到一半的时候，发现自己真的做不了时，才能放弃，但是你还没做之前就说自己不行，就是画地自限。

画地自限就是望而生畏，丧失了继续前进的勇气。为什么孔子特别赞赏颜回呢？孔子说，颜回虽然也曾经感叹过"末由也以"，感觉老师的学问太高了，真是学得好艰难，但是他依然愤发学习，从不放弃。孔子称赞颜回，"吾见其进，未见其止"，我看他不断地在进步，从没有看他停下来过。颜回和冉求在这一进一退之间就显出了高下。面对同样的困难，只要用力去做，就没有不可能的事，没有力不足的问题。换句话说，孔子的思想是可以实行的，虽然高远，但不是高到不可盼，远到不可行。

第十章 生命改造的历程
——循时而教

对于人生的时,到底哪些阶段应该学哪些东西呢?孔子有非常清楚的说明,十五、三十、四十、五十、六十、七十岁,各阶段有各自不同的注意事项,我们将会在后面的章节里分别说明。

第十一章　循时而教
——十五而有志于学

　　失去目标和方向的人生是茫然的,盲目的生活是无聊的,心灵的空虚与贫乏,是生命的最大杀手,这是所谓成功者的悲剧。

　　在孔子的人文之道中,学"时"是相当不容易的事,他也提出了具体的办法。比如我们耳熟能详的"吾十有五而志于学,三十而立,四十而不惑,五十而知天命,六十而耳顺,七十而从心所欲,不逾矩"。这是孔子老年时对自己一生的反省和总结,而他的这些反省,对于世代中国人都有着深远的影响。而在我看来,这些反省正是学时的实践案例,我们可以通过它们,深入了解生命不同阶段应该学习和知晓的内容,给我们的学道和成长以直接的启发。

　　《论语·为政》里出现的这段话,我们揣摩是孔子晚年的定论。孔子七十三岁就过世了,也有人说他是七十二岁过世,不管相信其中的哪一种说法,我们都能确定,这是孔子去世前说的一段话。我们也可以相信,孔子晚年的这段话积淀了他一生的经验和看法,是最成熟的,也是最可贵的。

因此，我不揣冒昧地把这一段做了深入的理解和考察，做了认真的体悟。过去对这段话的解释都差不多，包括宋代大儒朱熹的解释，都是从文字上进行了注解。这段话一般就被解释为："十五岁我就立志学习了，三十岁我就能够自立了，四十岁我就不会被外界的事物所迷惑，五十岁我就懂了天命，六十岁我就能够正确地对待各种言论而不觉得逆耳，到七十岁的时候我就能够随心所欲而不超出规矩。"

这是不是原话根本的意思呢？实际上这不过是把短句子变长了。我们认真地想一下，这段话难道是孔子的自我标榜吗？我认为不是。孔子这样的大教育家之所以把自己的经验历程说出来，其目的不是为了炫耀，告诉人家自己有多了不起——我十五岁怎样了，我三十岁又怎样了，我七十岁到了什么境界了。我想，孔子的这段话是很恳切地说出了一些重要的规律，说出了对所有后学的期待和教诲。他告诉我们，你在十五岁的时候要怎么办，三十岁要怎么办，七十岁要怎么办……这些都是"我"——也就是孔子的心得。

我认为这段话并不是说孔子把鸳鸯绣好了拿给人看，而"莫把金针度人"的一种炫耀，而是要告诉后学者，他是怎么绣出这幅鸳鸯图的，是把绣的金针法门不吝惜地传授给后人。

心之所向持志不放

孔子认为，人在不同年龄阶段，生理上有不同的血气变化，进而给人带来情绪上的转换跌宕。当我们自己不能控制住、不能戒律好情绪时，就会变成我们学习的障碍。

君子有三戒

孔子特别提到，君子有三戒——少年之时血气未定，戒之在色；壮年时期血气方刚，戒之在斗；老了的时候血气既衰，戒之在得。所以，在不同年龄阶段，人的情绪、意志力，乃至于人的行为的冲动是各不相同的。

"戒"指的是什么呢？就是克制律己，也就是持志不放的意思。孔子说"吾十有五而志于学"，这个志是什么？志代表"往"，也就是我要去，下面是一个"心"，就是我的心要往哪里去，这就叫做志。那么"戒"，就是保持，把持住我这颗心不放弃。我的心告诉我自己，我要学道，我要学君子，要把我自己的脾气、性格、情绪控制住，要成为一个善人、一个行事合情合理合适的人，不要做一些不恰当的、过分的或者不及的事，那么我就要把持住我的志向不变。

> "戒"指的是什么呢？就是克制律己，也就是持志不放的意思。

"志"另外的一个意思就是说，我要一直维持住这样的记忆，把它留下来不放弃。立志就是我要记得我心向往、要达到的目标，不能今天说了明天忘了。戒的意思就是持志不放，原来说要这样做了，结果没有做到，就叫做犯了戒。

少年的时候戒之在色，是因为血气未定，容易冲动。

第十一章 循时而教
——十五而有志于学

一个不堪入目的图像，或者是电影，或者是书本，都会让自己突然激动起来。少年人血气冲动在心性上造成的影响是什么？猖狂。

壮年人血气方刚，会造成的不良结果是什么？强力行之，强暴。明明不可行，勉强也要做，做不到的时候，用暴力也要做。

老年人受血气影响而造成的最不好的心性，是好利，就是贪。原来有的把持住，舍不得放。既得的利益（既有的、前面所积淀下来有形的资产及无形的观念）舍不得放，这是老年人最大的缺失。因此孔子说"戒之在得"。

我们再引申一下，老年人为什么再也学不会东西了？因为一直把持原来所学的，自我得意，觉得自己走了一辈子都很成功，就这样了，再也不能改了。我们很少听到少年人说"我不能改了"，但是常听到老年人告诉别人，我就这样，就这个性，就这方法，就这想法，改不了了。说话的时候态度自然，而且很得意。人到了这个份儿上，就再也学不进新东西了。越学不进去就越僵化，越僵化就会越落伍，越是无法权变，最后就变成了刚硬。"刚强者死之徒，柔弱者生之徒"，只有柔弱的，才能不断学习，也才真的可以学得进去。

日本有一个高僧道元，在宋朝的时候来到中国，学完之后回到日本。别人问他："你在大宋学到了些什么？"他说："我学到了一颗心，这颗心叫做柔软的心。"柔软的心就是放下身段，没有自以为是。有时看来柔和质质，有时显得朴素，有时转变成随机应变，有时则豪毅果断。一切都要做到夫子所说的"毋意、毋必、毋固、毋我"的柔软境界。

在这三个年龄阶段，因为生理而造成的一些心性上的特质，人人都可能会犯错，用自己的所学来替代它，修饰它，这就是人文之道。戒之在色、戒之在斗、戒之在得，是一个敬以修己的态度。

要学习与人相处之道

孔子还强调，十五岁要学的不只是做自我修正，在应对别人的时候也要去做某种修正。人在十五岁以后，所接触的人不再仅限于父母兄弟、亲戚，还要跟社会上的其他人接触，要学习与别人的相处之道。

> 十五岁要学的不只是做自我修正，在应对别人的时候也要去做某种修正。

正因为如此，孔子认为，第一要学的，就是如何与人相处，如何成为别人心目中的君子。这就叫人道。

《论语·子张》里提到："百工居肆以成其事，君子学以致其道。"我们这个时代的人多半都是学习技艺，在作坊里完成自己的工作。大家都在学某个职业需要的技能，目的是学做事，不是学做人。而君子要学道，研究怎么学成人道。

孔子也曾经说过君子儒和小人儒的区别。小人儒是把儒当成职业来做，而君子儒是把儒当成道来学，君子跟小人最大的差别，就在于用什么心、什么行为、什么态度来做。

一生的志向：提升生命的价值

孔子也说：富与贵是大家都喜欢的，但是不以其道得之，我不要；贫与贱是大家都不喜欢的，但是不以其道去之，也就是如果背离了道，要做小人才能发达富贵的话，我也甘于贫贱。孔子并不排斥富贵，但是是合道的富贵；孔子也不看低贫贱，只要合乎道，贫贱之人的人格仍然高贵。

这些话用在今天，我们可以有更深刻的感受。从小到大，家长对儿女们的鼓励，多是希望儿女好好学习，目的都是将来能找一份好工作，才能有钱，才能享受生活。孩子从小被家长灌输的生活及人生奋斗的目标就是，要赚钱、享乐、享受。今天所有辛苦的学习，都是为了争取赚钱享乐的机会。儿女找到了工作，吃喝玩乐尽情享受之后就会发现，从小到大的生活目标已经达成了。后半辈子还可以干什么呢？继续挣钱？继续吃喝玩乐？这些好像已经意义不大了，那还有什么值得追求的事呢？不知道，因为父母师长们从来没讲过赚钱享乐以外的人生终极目标。

生命的最大杀手

失去目标和方向的人生是茫然的，盲目的生活是无聊的，心灵的空虚与贫乏，是生命的最大杀手，这是所谓成功者的悲剧。很多人把目标只放在具体的名与利上：当了职员，还要当科员，当科长、局长、部长……没当上就觉

成器比成功更重要

得穷困潦倒，烦恼失望，唉声叹气，抑郁忧愁；觉得自己不仅失去了人生的目标，也失去了生命的价值。许多失业的人感觉自己失败，无颜见人想自杀；很多已经很成功的人，最后也会自杀，为什么？因为他们都觉得生命再也无可发挥了。

失去目标和方向的人生是茫然的，盲目的生活是无聊的，心灵的空虚与贫乏，是生命的最大杀手，这是所谓成功者的悲剧。

20世纪的知名小说家海明威、川端康成分别在1954年、1968年获得诺贝尔文学奖；三岛由纪夫被称为"日本的海明威"，曾两度入围诺贝尔文学奖，盛名空前。他们都可以算是有顶天的成就了，家喻户晓，名利双收。但是之后，他们却都自杀了——海明威于1961用猎枪自尽，川端康成于1972年引煤气自尽，三岛由纪夫则于1970年切腹自杀。为什么？

这证明了一件事：谋食、谋职与谋事，即使有天大的成功，也顶多只能获得名与利，却无法安顿生命。命都没了，那些所谋得的食与事、名与利还有什么用呢？当他们自觉在原有的道路上已经不再有意义，生命的目标难以为继时，他们就崩溃了。这是把生命成就与工作事业画等号的人的必然归路。其实应该反过来，把所做的每件有成就的事，都当成发挥和彰显生命的人文境界。假如他们把成仁作为终生目标，时时都要注意修正存养自己的心，忙不完、学不完，就不会感觉没的学、没事做了，也不会感觉生命没有意义了。

第十一章 循时而教
—— 十五而有志于学

志向越小生命越容易空虚

一个人立的志向越小，越容易达成，完成之后就没有目标了。无所事事，生活没有重心，人会觉得飘荡、茫然。现在人吃饱喝足了依然不快乐，为什么？因为不知道要干什么，不知道活着还有什么意义，还有什么可追求上进的方向。任何事情都会到头，多大的成就都有边界。就算当了总统，任期一到也要重新成为普通老百姓。这时候可能岁数还不大，后半辈子还要活，那下面该干什么呢？如果没有另外的、跟自己切身有关的、更重要的方向可走，就真的会让自己的生命变得空白和虚无。

孔子所说的立志于学，是立志去学习行"人道"，让自己一辈子都能不断地追求提升生命的价值，一辈子都有永远的方向。人有了这样的志向，就不会有失去方向的时候，不会有没事可做的时候，也不会有"没成就可能"的慨叹。你会觉得生命是无穷尽的，有无限的希望，你该做的事也没有穷尽。这种生命的亢奋、激动，是多么的可贵！

人的长寿靠什么？道家说，老尚多情是寿征——老了以后还多情，这就是长寿的征兆。什么叫多情？对什么都有兴趣，什么都还可以学，我还能发挥，我还能发展，我还有目标没有达成，还要积极地奋斗。有这样的奋斗心怀的人是可以长寿的，因为他是健康的，生机盎然的。

什么样的人会生病呢？古人讲，三种人会生病，第一种，烦恼的人会生病；第二种，吃多了的人会生病；第三种，闲人、没事做的人会生病。人一没事做就会天天东想西想，毫无目的地瞎折腾，不生病才怪。

成器比成功更重要

现在很多人有忧郁症,这也是所谓的现代病和城市病。为什么?因为没事做。女人到了五十岁左右,常得抑郁症,是因为孩子长大了,自己也退休了,在家里不知道要干什么。早上吃饱了就等吃中午饭,中午饭吃完了等吃晚饭,这叫坐吃等死。人会对这样的生活感觉无聊、恐惧,没有热情,没有指望。

孔子告诉我们,一个人从少年起、十五岁就该立志求学。学什么?学人文,学怎么样把人道走好,学怎样知义,怎样知时。有了这个志,人在时时刻刻都有充实的生命内涵,有真正的生活重心,活得坚定不移,对生命珍爱珍惜。我们说孔子是众人的生命导师,就是从这个角度说的。

《论语·子罕》中提到,颜渊评价孔子的学问是:"仰之弥高,钻之弥坚;瞻之在前,忽焉在后。"这是一个非常高,也是非常优美的评价。但是孔子教导人是循循善诱,循序渐进的,并不是神龙见首不见尾,只知道好,却是无从实践和遵循。如果你十八岁属于门人,你就做门人的事;如果你到了八十岁才开始当门人,你也要做门人的事,要从头学习,而不能认为自己年事已高,地位很高,已经很了不起了,而拒绝从头学。

从头学起,知道在什么时候干什么事,人的谦虚就体现在这里,同时这也是一种实事求是的态度。能够放下身段,从头做起,把基础打好,就可以进入一个又一个的妙境。

没有地基的房子是不能持久的,孔子打地基的前提是确立方向。学习是为了学君子的善行,而不是为求一个位子,求一份工作。现在很多孩子被父母灌输了太多的竞争观念、生存危机，学习是为了求位子、谋工作，孩子即使求得了一份工作，也不过是为工作而工作。上班就只是交差了事，还没到点就想下班。这样的工作精神与心态，最后一定会把工作做砸了，一败涂地。

比如，当一个医生面对工作时，若只是敷衍应付，而没有救人的真心，这个医生就不会主动钻研医术，迟早会被淘汰；当一个医生是为了能当上院长而奋斗时，那就免不了会发生耽误救治病人的工作疏失。日本曾经拍过电视剧《白色巨塔》，里面的男主角就是这样的医生，曾经医术高明，却为了谋得某个院长教授的职务，殚精竭虑，扭曲了心性，最后在医术上也慢慢地落伍了，也更早丧失了医德。他的人生，充满了错误，失败也是可以想见的。

工作是为了帮助别人解决问题

事实上，不管干哪一行你都要想，在这一行里能做到最好，是为了帮助别人解决问题，传播爱心。有了这颗心，就会学无止境，永远求进步。一个真正的好医生，会与时俱进地提高自己的医术、增强自己的爱心，绝不能因为当医生的时间久了，人就麻木了，看到病人的痛苦，没有同理心，也没有同情心，变成一个只会机械地看病的人。

> 不管干哪一行你都要想，在这一行里能做到最好，是为了帮助别人解决问题，传播爱心。

我以前有个朋友，是直肠科医生。他曾经很是抱怨，病人开刀之后会大叫着喊痛，以致干扰临床的病人，于是他不准自己的病人喊痛。有一次,他自己动手术了,他也疼得直叫。我正好住在他隔壁,听到有个人从晚上叫到天亮,声音还蛮熟的。第二天早上起来,去敲门一看是他,我就笑他:"你昨天晚上怎么叫那么大声?""痛啊!"他痛苦不堪地回答。我说:"你不是跟你的病人说,痛了不准叫吗?你为什么不忍着?"他回答说:"太痛了,忍不了!我从此之后再也不叫我的病人忍这个痛了,我自己经历过了才知道,原来叫出来以后痛就减轻了。"

这个朋友是有所经历之后才感知到他人的痛楚,有了同感,才有了同情。但事实上,人如果有爱心,做任何事之前都有体谅和体会别人痛楚和期望的能力,做事的风格就又高了一层。有了救人这个志向时,学医的目标就很清晰,对病人的痛感同身受,体会到病人的难处、尴尬和辛苦,就会有充分学习的动力,也会有充分的感知力,有良好的心态,从而成为一个医术高明,也受人爱戴和尊重的医生。

发现自己的"不知"

其次,孔子说"吾十有五而志于学",人要学的都是自己先前不知道的东西,因此,每个人都要回头问问自己:我的能力在哪里,我的兴趣在哪里,我吃苦耐劳的程度有多少,我该学什么?量力而为,自知而为,同时更重要的,千万不要知过犯过,明知故犯的结果是恼羞成怒,不要明明自己不会,却要强不知以为知,这是最可怕的事情。

第十一章 循时而教
——十五而有志于学

孔子说:"知之为知之,不知为不知,是知也。"要了解自己知道什么,承认自己不知道什么,然后才能有针对性地学。而庄子说,知道你自己不知道的,你才是真的知道了。

怎么发现自己的不知呢?庄子认为,不知跟知的大小有关。"知"就像一个岛屿,"不知"就是这个岛屿的海岸线。知的岛屿越大,海岸线就越长,换句话说,你知道得越多,就越知道自己不知道些什么。无知的人永远不会知道自己的不知,觉得自己什么都知道了;有知的人,越知越多,越能够发现自己的无知,就越能够激发出要知的动机、目标和方向。

> 知的岛屿越大,海岸线就越长,换句话说,你知道得越多,就越知道自己不知道些什么。

建立"知"的岛屿

怎么去建立知的最初的岛屿呢?孔子认为,首先应该去读前人的书,解析和感知前人的智慧。应该读哪些书呢?孔子认为,有三本书是必须读的。第一本书是《诗经》,第二本书是《礼记》。《论语·季氏》里提到,陈亢问孔子的儿子孔鲤说:老师有传授你特别的学问吗?孔鲤回答说,没有其他的特别密传,就是"不学诗无以言,不学礼无以立"。学《诗经》能让你学会跟别人对话,而学《礼记》,

则是让你有德行，能够立足于他人之前。至于第三本书就是《周易》，孔子50岁的时候说："加我数年，五十以学易，可以无大过矣。"人到了中年，不能不学《周易》。学了《周易》之后，才能够真正了解天命与性命，才能"唯变所适"地调整行事之刚柔、进退，从而避免人生犯下太大的过错。这三本书是孔子认为最基础和最重要的。

不学时，不知温良敦厚

《论语》全书最后一句话说："不知命，无以为君子也；不知礼，无以立也；不知言，无以知人也。"这句话总结了孔子的教育重心及目的。成君子、立足于天下、知人，这三件大事是孔子人文之道中的"成人"标准。其学习的顺序为：先学习知人，再学习以合乎礼义的中道，对应行善之，这样的人是受人欢迎的人；能受人欢迎的人就能立足于天下；立足之后，必须学习能知命，行道才能不勉强、无大过，才能成就为君子人。君子人是不但能独善其身，还能兼善天下的大人。

所以人小的时候，首先该学的是《诗经》。学习如何懂得人情世故，懂得怎么说话，了解别人的心和情。之后要学《礼记》，学习如何尊敬人家，言行举止的分寸上要有所依准，合乎礼仪才不至于发生误会，闹出笑话。

不学礼，不知分寸仪度

现在很多人想向别人表达尊敬，却常常手足无措，不知道该用什么方式，把自己尊敬的心恰当地表达出来，让人家知道。这就是典型的有心无力。

第十一章 循时而教
——十五而有志于学

打个比方说,如果你要表达对一个人的尊重,走路的时候却急着走到他前头,这就不对了。进电梯的时候为了表示礼貌,让别人先进,你认为这是客气;出电梯的时候,你又自己先出来了。其实这都是不符合礼仪规范,不礼貌的。国际访问中第一个下飞机的一定是总统,不会是他的随从人员。什么时候该走在前头,什么时候该走在后头,什么时候该走,什么时候不该走,该坐在哪个位置上,这都是礼,学会了才能够用规矩来表达你内心的敬意,否则行为上就不得体,表达出来的就是不敬。

礼跟我们的行走坐卧都有关联,坐别人的车,跟别人一同走路,要知道哪里位尊,自己要找到合适的位置。婚丧嫁娶的场合,一定要知道仪式的规矩,而不是随着自己高兴胡来。

我们现在不太讲究礼,尤其是年轻人,觉得这是压制自己的老规矩,但是人学礼,是为了让自己的言行不让人厌恶,而且获得别人的欣赏,也能充分得体地表达自己的心绪,这样的人才是受人关照、受人欢迎的人,自己也受惠无穷。无礼之人,有再好的心,别人都感知不到,而往往只会让人觉得不懂事,心里只有自己而没有他人,别人好一点是敬而远之,没必要一定跟你较劲,坏一点是以其人之道还治其人之身,也让你知道粗鲁无礼的对待是个什么滋味,因此无礼就会给自己招来羞辱。

礼仪是国际性的,最开放的国家也讲礼仪,最自由奔放的人也不能无视礼仪。思想的创造性和行为的自我约束之间不是矛盾的关系,不过对于今天很多人来说,对礼的谬见已经呈泛滥的趋势。中国人讲家教的重要性,家教的

成器比成功更重要

重要部分，就是让孩子学习如何跟比自己大、比自己位尊的人相处，赢得别人的好感，而不是率性而为，让别人讨厌。一个人行为不端，会被人批评为没有家教，在中国人这里，这是非常严重的辱骂，不仅指责你，还指责你的父母没有教好，对一个家庭来说，出一个不知礼的孩子，是一种严重的耻辱。

这就是我们能从孔子的"吾十有五而志于学"里所学到的东西。人在年轻时候需要立定高远的志向，而不见得是具体的职业和财富。有可能我们读到这本书的时候已经三十岁，甚至更大了，没关系，我们就从现在开始立志，也还来得及。摩西婆婆八十岁开始学画，还是可以成为画家。学道永远不嫌迟，就怕你不立志、不开始。

第十二章　循时而教
——三十而立

> 三十而立者先要立己。立己，就是树立自己真情实意的那一颗善心。立己之后才能立人，达己之后才能达人。达人和立人靠信，立己靠礼。

孔子所说的"三十而立"，是中国人很熟悉的话，也是一个即将进入或刚进入三十岁的人常以励己的话。不过怎么立，以什么条件来立呢？

《论语》中谈到"立"字一共有26次，可以概括以两处为代表。第一是《论语·尧曰》最后一句，"不知礼，无以立也"；第二是《论语·颜渊》里提到的"民无信不立"。

"不知礼，无以立也"。人若想"立"足于社会人群之中，就必须学礼。《论语·泰伯》里清楚地指出："兴于诗，立于礼，成于乐。"礼包含什么内容？要做到什么才算是真正做到礼了？

成器比成功更重要

立的第一个条件：礼

首先，人要想做到"立"，该学的礼是什么？礼就是一切"礼仪规范"，也就是礼文。

礼文就是文明文化，在言、行、住、坐、卧等举止上，主动规范自己，而不率意行之。人若不知礼，将手足无所措，所以不知礼无以立。换言之，举止、言行、态度能否合乎场合，是否得体，正是对与错、是与非的分界点，也是该行与不该行的准则之所在。该行而没行，或不该行而行，都无法被社会接受或认同，若不及时调整，最后终会陷入无法立足的窘境。所以，这是每个步入社会的人都必须学习的生存要件。

> 礼文就是文明文化，在言、行、住、坐、卧等举止上，主动规范自己，而不率意行之。

比如在某些场合，有一些动作就不可以做。比如在长者前，你不能跷腿，不能晃腿，那是轻浮不敬之态。我们还可以看到很多人，坐无坐相，随着自己舒服瘫着坐、斜着坐，那也是不文明的表现。人是有脊梁的，背脊就是让你竖着的；人是有肩膀的，脊椎动物中唯一有肩膀的就是人，人的肩膀是要挺着的，不能这样松松垮垮。以前女人为什么头上要插金钗步摇，耳垂上要戴上那么大的耳环？就是为了不让她东张西望，东张西望同样是不文明的。

第十二章 循时而教
三十而立

我们看到真正高贵的人，通常很在乎自己的举止言行。他的衣服一定是整洁的，仪态一定是端庄的，行住坐卧都庄敬安详，绝对不会横七竖八地扭在那儿，像一摊烂泥。人要爱惜自己，首先就要从规矩上入手。现在《弟子规》很流行，有些大人读完了以后都觉得，其实自己活到那么大，并不懂得规矩。任何时候开始学，都并不晚。要体态优雅，举止收敛，而不是张牙舞爪，举止失态。把自己修炼成一个文明人，别人会因为你文明而看高你。

学习礼是有次第的：即学道、适道、立道、权道，需要自省并循序渐进，才能学会的。在《论语·子罕》里，孔子说"可与共学，未可与适道"。有些人可以共学，但是未必就能一起追求道，也就是说，他学了不一定把这个当成志向。知道怎么做，并不意味着他一定会坚定地去做。三十而立中，人要避免这样的倾向。又说"可与适道，未可与立；可与立，未可与权"。有些人可以同他一起去向道，但是未必可以同他一起坚立于道上而行；有些人可以一起事事依礼而行，却未必能同他一起通权达变。总的来说，就是学了之后要有改变，要拿这个作为自己的志向；就算以此作为目标，也未必能坚守；即使能坚守实践，也未必能够懂得权宜权变，做得恰到好处。这里面包含了三层意思：学、实践并坚守、做得合适。

行礼要有真情善意

礼本身不能是空洞的、表面的形式，人必须用心行礼。所以行礼首要在立心。为天地立心，就是要先树立我们真情善意待人的心，然后才能说自己可能成为一个有礼的人。

如果没有真情善意，就算行礼如仪、鞠躬作揖也没用，仍不算是一个有礼的人。

记得三十多年前，我到德国的超级市场，（那时候台湾还没有超级市场），进去就觉得很兴奋、很新鲜，可是要付钱的时候，我大失所望。为什么？因为柜台的收银员头也不抬，眼睛连看也不看我一眼，收了钱，只是很敷衍地说声：谢谢，再见。这给我的感觉很糟糕，你跟我说话表达谢意和说再见，至少要看着我吧！低着头只顾着干自己的活，虽然礼貌的话是说了，给人的感觉却很形式化、没诚意。表面上好像有礼，做做样子，实际上完全是无礼的。

这只是当年在德国的感受，现在在国内的不少商场也同样能感觉到，文明用语已经挂在服务人员的嘴上，说起来都很顺嘴，但是说出口的感觉，以及你听到的感受，彼此都心照不宣。这不过是公司要求他做的，他自己并没有认为这有什么了不起，心里也并不认同，只是因为不说就会扣钱，那就说好了。话中全无感情，全无诚意，全无真心。这种礼貌，我觉得用了比不用还糟糕，除了给说者和听者的感觉不好之外，也给小朋友一些不良的暗示，好像讲礼不过是做做样子，可以很虚伪。

失不失礼关键在于你真不真心。有真情善意，就算在某些举止上不太合乎规矩，也还算是有礼。相反，行为都中规中矩，然而没有一颗真心，那仍然是失礼。三十而立的第一个"立"，就是指"要想在社会上立足，就要让别人觉得你是一个有礼的人"，让人家觉得你是一个可以被接受、被需要和被尊敬的人。

有真情实意之心就叫做仁。君子务本，这个本就是要有一颗仁心。你的心善，你的行一定善，就算有过失，也只是"君子之过如日月之食"，无心之过，马上可以改过来，别人也不会怪罪你。你在别人心目中还是可以站住的，别人还是会接受你、肯定你的。

人要先本之于心，再发之于事。有一颗仁心，在做事上依仁心而行，这就叫做合礼；没有本之于心，而发之于事的，就不叫合礼。

> 有一颗仁心，在做事上依仁心而行，这就叫做合礼；没有本之于心，而发之于事的，就不叫合礼。

三十而立者先要立己。立己，就是树立自己真情实意的那一颗善心。立己之后才能立人，达己之后才能达人。达人和立人靠信，立己靠礼。最可怕的是什么？有的人很虚伪，巧言令色。孔子说"君子务本，本立而道生"，紧接着的一句话就是，"巧言令色，鲜矣仁"。

为什么孔子要这样说？有很多人，表面上装作很善良，很真情、很热心，其实只是装出一副讨人喜欢的脸色，说出一些讨人喜欢的话，但是他没有真情、没有真心，那就是虚情假意，就不是仁。

巧言令色也好，口蜜腹剑也罢，往往只能获得一时的认同，让别人有暂时的好感，获取一时的利益，一旦发现这些不过是装出来的，就很让人讨厌，不但不能立足，还会让人排斥。我们需要做的，是内有真心，外显诚意。虽然做事可能会有一时的艰难，但终究会获得别人全部的信任和帮助，能成大功。

所以人若想"立"足于社会人群之中，就必须学礼。《论语·泰伯》上清楚地指出："兴于诗，立于礼，成于乐。"

欲立必须学做君子

孔子认为，唯有君子才能立足于社会，也就是说，一个人要想在社会上立足，必须让自己学习做成君子才行，做君子为什么就能立足于社会呢？

《论语·卫灵公》中提到："君子义以为质，礼以行之，孙以出之，信以成之。君子哉！"意思是说，君子人在与群众相处时，总能：第一，做到"合乎时且适宜得体"的最高原则；第二，能以恰当的礼仪表现之；第三，进而会用谦逊的语言把自己的仁心表达出来；第四，最后还会用诚实的态度、切合当下需要的方式去完成它。如果这四点都能做到的话，就叫做礼。

礼是以"义"为本质的，而义正是君子所以能立足于社会的人文内在本质，至于适当的行仪、谦逊的语言、诚信的态度则是礼的人文外在形式。礼是做出来的形式，义是礼的本质，有了义的礼才叫做正礼，没有义的礼就不是礼，是非礼。

> 礼是做出来的形式，义是礼的本质，有了义的礼才叫做正礼，没有义的礼就不是礼，是非礼。

如何理解呢？《论语·季氏》中以讲话为例说，我们在陪侍着君子（地位高的人）的时候，有三件事情不能犯错：

言未及之而言，谓之躁；言及之而不言，谓之隐；未见颜色而言，谓之瞽。

第一，言未及之而言。还没有问到你的时候，不要急着讲，急着讲叫毛躁、急躁。第二，言及之而不言。让你说你却不说，这是隐瞒。常常有这种情况，不需要你发言的时候你使劲表现，需要你表达意见的时候你又说没意见。第三，不看别人的脸色而贸然说话，就叫做瞽，也就是睁眼瞎。

孔子这番教诲，说明一个人跟长辈或尊长在一起时，既不能毛躁，也不能隐瞒，更不能莽撞如盲人骑瞎马到处乱撞，言行要合礼，这就是得体。行为合礼得体的人，不会让人讨厌，就可以立足在人心、立足在人前，让人接受，在社会上屹立不倒。

《论语·卫灵公》中还说道："可与言而不与之言，失人；不可与言而与之言，失言。"无论失人或失言都是失礼，其原因就在于"不合时宜"，也就是犯了"不义"的毛病。所以知义、知时是行礼的必要条件。君子人因为言行进退都合乎时宜，所以受人尊敬，不会让人讨厌，而能立足于社会。

欲立必须忍让

《论语·宪问》中记录了一段孔子和公明贾的对话。孔子问公明贾：听说公叔文子不说，不笑，也不取钱财，是这样吗？公明贾说：并非如此，如此就讲得太过分了。公叔文子并不是不说话，只是在恰当的时候，他才说话，因为他是该他说的时候他才说，所以他说的话不讨人厌；他

成器比成功更重要

是真的快乐的时候才笑，所以他的笑不让人讨厌；该他取的钱财他才取，所以也不会让人讨厌。

"时"的核心意思，其实就是到你该做的时候你才做。靠什么？靠一个"忍"字。

许多人在自己心里有很开心或很得意的事的时候，往往会迫不及待地、巴不得要立刻告诉别人，不管时间对不对，不管别人当时的心态接受不接受。可能人家正在伤心，你却很开心地讲你快乐的事，这是非常不合礼的。当你有很大的喜悦，迫不及待要告诉人家的时候，你先忍一忍，忍到适当的时候再讲；当你觉得愤怒时，也先忍一忍，忍到恰当的时机，等对方的怒火也平息了，情绪也稳定了再说。能如此，你就一定不会遭人讨厌，而能被大家接受了。这就是"立"于礼。

"忍"的背后，就是让。蔺相如让廉颇就是典型的例子。什么叫"让"？绝对不是我打不过你，我退让你，那不叫让。真正的让是我比你强，我比你行，我有足够的条件，我可以不让，可是我让了，这才叫让。

当时的蔺相如身为上卿，比廉颇位尊。廉颇因为不服蔺相如，号称见到他就要侮辱他。蔺相如上朝的时候故意托病，不跟廉颇争位次的高下，甚至出门远远看见廉颇，也故意绕道避开他。侍从们跟蔺相如抱怨：你的地位并不比廉颇低，干吗这么怕他？平常人都会觉得羞耻，将相又怎么能这样呢？蔺相如说：任凭秦王那样的威风，我蔺相如敢在秦国的朝廷上呵斥他，侮辱他的臣子们。相如虽然才能低下，难道偏偏害怕廉将军吗？但是我想到这样一个问题：强大的秦国之所以不敢轻易侵犯赵国，只因为有我们两个人存在啊!现在如果两虎相斗,势必不能都活下来。我之所以这样做,是以国家之急为先,而以私仇为后啊!"

蔺相如在可以不让的情况下让了,没有人会因此而瞧不起蔺相如,廉颇听到此事之后,他光着脊梁到蔺府上负荆请罪。他觉得自惭形秽,感觉自己的心量这么狭窄,而蔺相如有多大的肚量,自己的人格跟人家比起来是差远了,就像月亮比之于太阳一样。

欲立必须行义

在孔子心中,义与善的观念相近,他认为能做到知义积善的人就是智者。智者是有利于行仁的。《论语·里仁》中说:"仁者安仁,智者利仁。"但是从知义到能行义,必须有"勇"才行;如果投机取巧,不肯多事,或只空谈仁义作状,那就无法真正做出合乎礼的行为了。

那么,智者所做的合乎礼的行为包含哪些呢?第一,要严于律己。孔子说:君子要求自己,小人则要求别人。克己复礼就是以礼律己,能恭敬待人就是自约其身。孔子说:"躬自厚而薄责于人,宽则远怨矣。"重责备自己而轻责备别人,怨恨自然就不会来了,所以严于律己可以远怨避祸。第二,要宽以待人。宽厚就能赢得群众的拥戴。宽是指宽厚、宽心。能以宽阔的胸襟、宽大的心量来与人相处,必能合群。再者,宽指宽恕,恕是"不以自己所厌恶的事,推之于人",这是每个人毕生都需要实行的义行。子贡曾问孔子:有一言而可以终身行之者乎?孔子回答说:"其恕乎,其所不欲,勿施于人。"第三,要任人以信,在派任人家的时候,要用信任不疑的态度让人家替你做事,其次是诚实才能得到别人的任用。第四，要敏捷地做你该做的事。孔子说，当一个人说的话超过他能做的事的时候，是非常羞耻的。因此，合礼的事就是当你要帮别人做事的时候，要诚心诚意去做，千万不要说了不做。第五，要对人有恩惠。

> 君子要求自己，小人则要求别人。克己复礼就是以礼律己，能恭敬待人就是自约其身。

如果这五种义行都能做到的话，自然就能立足于社会而无所动摇。所以孔子教育弟子门人，想要在三十岁学好礼，把自己变得有修养，以便能立足于社会，需要做的就是这些事。

人熟礼不熟

人熟礼不熟，这是孔子给我们的提醒。我们往往在熟人和朋友面前，比较放松，比较无礼，觉得自己就算答应的事没有办到，熟人和朋友也不会拿我们怎样，觉得自己就算放言轻狂，他们也不会在意。这就是失信和无礼的发端，对方可能从全然信任我们，到有点疑惑、有点半信半疑，最后干脆就怀疑我们所有的言行。"冰冻三尺，非一日之寒"，朋友之间交情变淡，甚至反目，都不是一时一事的缘故。

对于家人更是如此。父母觉得自己已经对孩子倾注了最大的心血，但是平时在孩子有需求的时候，并没有特别关注，或者觉得是小事，不重要，敷衍、马虎、随便，不陪伴，只负责给钱，以及一味地要求孩子取得什么成绩。孩子则会觉得父母不是真心对我好，对我的要求不过是实现父母自己的希望，跟我无关。父母在孩子心目中的位置就是这样丧失的。

夫妻关系也是如此，以前亲密无间，几十年走下来，感情淡薄，甚至反目，原因是什么？为什么两个人相处的时间长了，最后的结局是互相不信任、互相指责、互相怨恨？这就表示我们在"立"上没做好，也就是礼和信的问题没有处理好。夫妻之间是最为亲密的异性关系，正因为如此，很多人觉得老夫老妻，不需要讲礼，不需要看对方的脸色和心情好坏，也不大注意在朋友和熟人面前给对方面子。答应对方的事，因为一些无关紧要的人或者不是特别重要的事，轻易就推脱了，长此以往，彼此之间的怨恨和指责只会越来越多。

立的第二个条件：信

除了礼之外，另外一个让人能立足于社会的条件就是"信"了。信是待人接物能否通达的一个关键。"民无信不立"，意思是说，如果老百姓不信任你，你想让他们做事是不可能的，他们会拒绝你。信不仅仅指说话讲信用而已，这只是其中最起码的。还有一条，就是不能说谎，这是信用最重要的部分。

成器比成功更重要

信是取得对方的信任与信赖

《论语·为政》里提到:"人而无信,不知其可也。大车无輗,小车无軏,其何以行之哉?"孔子强调,一个人如果不讲信誉,真不知道他怎么可以行得通。就像大车(古代用牛拉的车叫大车)没有安装车辕上的横木(鬲)的活鞘关键——輗,小车(用马拉的车叫小车)没有安装横木(衡)上的活鞘关键——軏,没有它们,车子无法套住牲口,那怎么能走呢?换句话说,讲信用是一个人行走于人道上的必要配件。

我们现在都在用信用卡,而且常常会用度超出自己的还款能力范围,这就是说谎。你知道自己一个月能赚多少钱,能花多少钱,就要在这个范围内量入为出,这叫信用。银行是因为信任,你能够在理性范围内来调整你的用度,才给你一定的信用额度。如果你超出了自己的收入来花销,而且自己克制不了,偿还不了花出的钱,你在银行的信用就破产了。

说谎,是一般人常犯的毛病。有些在社会上摸爬滚打过的人会振振有词地说:聪明人是要见人说人话、见鬼说鬼话的。这是不对的。这就是说谎的来源。我们往往是为了讨好对方而刻意迎合别人,不说实话;甚至因为怕得罪人,说出违心之论。其实不该如此,如果真的害怕得罪人,我们可以在发现对方犯错误的时候不说话,但是千万不要说谎话。因为说一个谎话,就要说更多的谎言去遮掩它。圆谎的结果是越圆漏洞越大,导致最后收不了场。而更严重的问题会是,当你说谎欺骗不知情的外人时,就算顺利得手，却也让身边亲近的人，知晓你的"缺德"性格，从而对你不再信任或借故疏远，不再与你交往，这样损失可大了。

民无信不立，告诉我们的就是要止于至善。所谓止于至善，就是人君止于仁，人臣止于敬，人父止于慈，人子止于孝，与国人交而止于信。"与国人交而止于信"的意思就是，为政者与国度内的人民相交时要真诚，方能取信于人。要认真配合人民的需要，让人民相信为政者是真心的，是为对方好的。这就是说，与人民相处时，必须在重视人民利益的前提下，来跟他们相处，才能真正取得他们的信赖。所以说"民无信不立"，如果未能取得人民的信赖，在位者是无法立足于人民心中的。

"人己两立"价值观的实践，就是让人民信任的基础。而为政者要实践"人己两立"的人道，就要做到政策公正、政治清明、社会有序、减少刑狱，根本解决人民群众的矛盾、冲突与不公。

《论语·里仁》中谈到："不患无位，患所以立。"如果不具有足以能"立"于国人心中的条件，是无法安坐于其位的。在《论语·子张》中，孔子的弟子子夏对其中的道理有详细的说明。他说："君子信而后劳其民，未信则以为厉己也。"一个居上位者、君子（指有地位、有德的人）只有在取得了人民的信任之后，才可以动员人民去做事。没有取得人民信任而动员他们去做事，人民会觉得是在折磨他们，会觉得受到虐待和苛遇。子夏又进一步说："信而后谏，未信则以为谤己也。"也就是说：在上位者要劝谏别人时，总要先取得别人的信任。如果并没有获得别人的信任而去劝诫别人，别人就会不相信你是为了他好，而认为你是在毁谤他。

"信任"的有与无，决定了人们彼此之间的关系性质：究竟是五伦中的君民关系，还是五伦外的人己关系？君与民是五伦之义，君臣、君民是有关系的，而且是有好关系的；但是人与己则是互不相干的、没关系的，是互相排斥的。怎么能够做到君君、臣臣、父父、子子的伦常关系呢？完全在于彼此交往是否能做到互相信任。君就是君，民就是民，君就可以使民，可以劳民，可以谏民，但是如果不能够取得信任的话，就算父子之亲也会形同陌路人的。

人跟己，你跟我，中间是有隔阂的。现代人所讲的亲子之间有沟，就是因为父母未能获得孩子的信任。通常，做家长的总是恨铁不成钢、巴不得帮孩子做好、全心全意希望他好。可是孩子常常觉得：父母在挑剔我，在鸡蛋里头挑我骨头，看我不顺眼，像仇人一般，每天都故意批评我、恶意毁谤我、打击我。仔细想想，到底是什么原因导致这样的反常呢？怎么连世界上最亲的亲子关系，都会走调成这样，形同路人？为什么家长那么诚心地想指点孩子，不惜牺牲自己的一切，只希望能帮孩子更快地成长，不走弯路，却未能获得共鸣？就是因为父母在孩子的心中没有建立起"信任"，没有在孩子的心中"立"起来，所以孩子就会对父母的行为动机很怀疑，对父母的建议很抵触。"信"与"立"的关系如此密切，亲子之间尚且如此，更何况其他人？

欲取信于人,必须先与人交心

人要真诚待人,才能够取信于人。取信于人,并非只是自己觉得说话算数,而是让别人能够信任你。孟子说:"闻诛一夫纣,未闻弑君也。"周武王讨伐殷纣,孟子说,武王是在杀一个"独夫",并没有去弑君。纣是一个暴君,只有残害,没有仁爱,已经没有人在心里当他是一个国君,那么当然就会对他不行礼文之道了。

> 人要真诚待人,才能够取信于人。取信于人,并非只是自己觉得说话算数,而是让别人能够信任你。

所以,人际关系,包括血缘关系,要维持下去,也必须要有礼有信。人和人之间从不相识到相识,从相识到相亲,到有四海之内皆兄弟的感情,信和礼都在其中。无礼无信,所有的好关系都会变坏。

三十而立,关系着婚姻是否美满,事业是否能发展,也关系着你自己的人格是否能被别人肯定,是否走到哪里都被别人尊重。三十而立岂可不慎?关键就是要认真做好"礼"和"信"。要用人文的方法让对方信任,取信是在你实际的行为言论上,而不是自我感觉有一颗好心,但是言行上随便无礼,对方感受不到你的好心,好心就不存在。换句话说,随时克制自己,严于律己、宽以待人,以忠恕之道对世人,三十就可以立了。

第十三章　循时而教
——四十而不惑

让人讨厌的坏处是什么？招人怨恨，让人对你有报复之心；没有人会给你补台，只会给你拆台；甚至怨恨至深，要构织陷阱，害你身败名裂……

孔子的人生时教，是孔子教给我们具体而微的实践上的处理方式。如果细节问题没能拿捏好，想要做事成功，也经常会心有余而力不足。上一章我们详细说明了，人生到了三十岁的而立之年应该具备的人道修养条件——礼与信，具体的实践内容及方法。

下面，我们就来看"四十而不惑"，人到了四十岁的壮年，到底应该不惑些什么？应该注意哪些事项？

招人厌恶将自断生路

四十岁是人的壮年时期，也是一个可上可下的关键时

第十三章 循时而教
——四十而不惑

刻，一生的成败也就在此后这十年当中决定。四十岁的人在社会上也是中流砥柱，在这个年龄阶段，累积了一定的学养，有了一定的阅历，在经历了十五岁的学、三十岁的立之后，好不容易有点成就。如果这点成就因为有许多疏忽而功亏一篑，是很可惜的事。四十岁后，我们能不能够充实生活，圆满生命，就成为我们一生到底会有怎样结局的关键。

《庄子·外篇·至乐》中写了一个孔子和弟子的故事，里面说道："内求于己而不得，不得则惑，人惑则死。"意思是说：人如果向内要求自己能符合人道，却无法有所得，反复思考都搞不清楚，依然迷惑，那就要遭殃了！而人要想求其不惑，就要内求于己而有所得，这不正是孔子要教给我们的吗？

仁义都要内求于己，而在做的时候要有得于心。道德的"德"字，就是指"得到了自己对生命的领悟与实践"。一个没有德的人，虽然活着，但是他的生命形同死亡。因此，我们说人死和活着的区别，不是以他还有没有这口气来判断的，而是以他的心是不是活泼、真实来判定的，也就是这个人是不是真的无所迷惑，能够内求于己，掌握住自己。四十而不惑，就成为关键。

人到四十，很多人经历了许多磨炼，不管是成功者抑或是失败者，往往都会有一种懈怠或颓丧的心态。俗话说，"人过中年万事休"，好像人生已经过半，就这样了，也不必再指望什么了，只会往下沉沦，不会往上提升了。这实在是非常不明智的自我放弃，非常消极，只会让人生越发走下坡路。生命在任何时候，都可以通过个人的自觉和努力来提

成器比成功更重要

升,这是孔子一直强调的道理。我们就来看看,孔子所讲的四十而不惑,是怎样一个针对人生壮年的忠告。

在过去的解释中,大家一般会将"四十不惑"理解为,孔子到了四十岁就不困惑了,但是,到底孔子不惑什么呢?我们只是空洞地知道他不惑了,可是我相信很多超过四十岁的人自问,都会感觉:为什么我到了四十还是有很多迷惑,甚至对自己的生命意义、方向及遭遇等很迷惘、很彷徨、很无奈?我们下面就来讨论,不惑指的是不惑些什么,以及孔子是怎么做到不惑的。

对于这个命题,一些理学家有过解释。比如朱熹就说,人到了四十岁,对于事物的当然之理都已经很清楚了,没有疑惑了。是不是一定要读很多书,知识学问做得很好的人才能知晓事理呢?其实不是,知晓事理就是通达人情。通达人情跟单纯的读书多少并没有太大的关系,跟是否在某一方面有专门的技术本领,也没有太大的关系。一个通人情的人做事,是让别人能接受的。

什么样的人做什么样的事,什么缺陷的人就犯什么样的错。我们进一步地来看,一般人到了四十岁,遇到的最大的问题、最困难的事是什么。

> 一个人到了四十岁,还让别人讨厌,这样的人就无可救药了。

《论语·阳货》里提到:"年四十而见恶焉,其终也已。"一个人到了四十岁,还让别人讨厌,这样的人就无可救药了。人到四十岁其实比三十岁需要立的时候,要更战战兢兢。

第十三章 循时而教
——四十不惑

一般人都只顾着怎么样才能立足于社会,却忘了立足之后要不让人讨厌才能维持长久。有的人是立足了,但是因言行举止很令人讨厌,就招来了严重的祸患。人常常是在四十不惑的阶段没做好,到了五六十岁就有了诸多后患,灾难频仍,毁了前半生的成果。

中国有一句俗话,"不怕少时苦,就怕老时苦;不怕少时有磨难,就怕老来有灾难"。而这个老来的灾难,往往是因为我们四十岁的时候不懂得不惑之道造成的。特别是在社会上已经有了地位和成就的人,如何在光环中不做错事,不让人讨厌,这恐怕是当下所谓的有钱、有地位、有名望的成功人士最关注的问题。很多看起来成功的人士,其实他们不见得都很快乐。怎么让自己最后不要有个凄惨的下场,让自己做事不会后悔,让自己在成功之后能够全身而退,不要招来大的灾难甚至是杀身之祸?这些考量的答案都在"四十而不惑"上。学会了"三十而立",虽然不易,但不过是孔门教育中"弟子"的阶段,能做到四十不惑,才能算是"登堂弟子"。让人不讨厌,是成德更高一层的境界,也是很重要的一个修德的指标。

立,固然难;不惑,更难。要做到让人家不讨厌,这是非常困难的事。让人讨厌的坏处是什么?招人怨恨,让人对你有报复之心;没有人会给你补台,只会给你拆台;甚至怨恨至深,要构织陷阱,害你身败名裂……

四十岁必须自律不再招人讨厌

每个人都自认为做得很好,可是人家却不喜欢,问题

成器比成功更重要

一定出在别人那里。这种假想和抱怨从来不会解决问题。我们应该从自身的检讨考虑，反求诸己，思考一下为什么自己会让人家讨厌。

招谁讨厌是有区别的，孔子并不是说要取悦于所有的人，更不是说要让所有人都不讨厌你。《论语·子路》里有一段话，特别说明了这个问题。子贡问曰："乡人皆好之，何如？"子曰："未可也。""乡人皆恶之，何如？"子曰："未可也。不如乡人之善者好之，其不善者恶之。"子贡问孔子，说一乡的人都说这个人好，这样的人算不算是不让人家讨厌的？孔子认为，这不见得。子贡说，那么一乡的人都不喜欢这个人，是不是这个人就非常可恶？孔子也说，不见得，如果一乡的好人善人说他好，恶人不喜欢他，这样才是对的。

孔子强调的四十不见恶于人，是要让你身边的君子不讨厌你，而不是让小人不讨厌你。物以类聚、人以群分。要想让小人不讨厌你的话，你就要讨好于小人，你也必须跟他趋同，同类的人才能聚合相应。人真正害怕的，是君子讨厌你。如果让君子讨厌你，那么可以肯定你的行径一定是背离正道的。

> 四十不见恶于人，是要让你身边的君子不讨厌你，而不是让小人不讨厌你。

由于这个缘故，孔子认为交朋友的时候一定要小心。人不能什么朋友都交，"无友不如己者"，你的朋友应该跟你一样，都很在乎做人成功，在乎自己会不会是个君子，有一颗坚定执着的求道之心，这样的人才是应该交的朋友。

如果一个人所交的朋友，本身有很大的问题，你为了让他喜欢，渐渐地也就按照他的喜好、习惯和作风行事，近墨者黑，你也会离君子越来越远。朋友是一种彼此在乎、彼此影响的关系，朋友之间会在乎对方的认可。对于一个人来说，找谁来认可你，就跟找镜子照见自己的容颜一样。镜可鉴人，前提是镜子必须是明镜，而不是一面变形的、污浊的镜子。

孔子讨厌的四种人

那么哪些人是最让君子讨厌的呢？在《论语·阳货》里，孔子就给了我们明确的回答。子贡问孔子："老师，你是不是也有讨厌的人？"孔子说："当然有。"我们可以从他列举的这些人中，引以为戒，不要犯这些错误。

孔子特别提到了他所讨厌的四种人。第一种，爱说别人坏话的人，他们通常幸灾乐祸，没有仁厚之心。隐恶扬善才是真正的好人，才会不让人讨厌。换句话说，大多数人对周围的人和世界都有相对一致的判断，有些人不是别人不知道他坏在哪里，这些坏并不需要我们故意挑出来，告诉别人，以显得自己洞察无碍或者聪明机灵。

我的德国老师 Dr. Albert Czech 是我一生非常敬佩的人，他给了我很好的身教。他从来不批评人，不说别人的问题是非，只说别人的优点。如果他发现别人有一个优点，他就说一个，有两个优点他就说两个，没有优点他就不说话。之后我就渐渐习惯了他的表达方式，当他一句话都不说的时候，那是对人最大的批判和否定，表示这个人一无可取。不批评别人的坏处，只说别人的好处，没有好处可

成器比成功更重要

说的时候，这个批判比说他的坏处更严厉、更具有客观的杀伤力。

孔子讨厌的第二种人，是居下位的人却去讪笑或去毁谤其上位的人，比如部下在背后毁谤或者笑话长官，儿女奚落讽刺自己的父母，瞧不起父母。因为这样的人没有敬心，对人不尊敬、不恭敬；这种人也不忠，没有诚意。没有忠敬之诚的人是让人厌恶的。这种人其实很常见。很多人自恃己长慢待他人，比如自己读了书，但是父母所受教育有限，他便瞧不起父母，动辄指斥；还有人拿了个高学历，或者游历国外，便瞧不起长官，言语轻蔑，恨不能立刻取而代之。

孔子讨厌的第三种人，是勇敢却无礼的人。这样的人，如果是小人，有勇无义就是强盗；如果是君子，有勇无义就是作乱。不论是谁，只是一味勇敢，却无视礼义，行事没有分寸，没有尺度，也同样是让人讨厌的。

人本身的提升必然有欲，有欲而不能无求，有求而不能不争，争有时候是不得已，但是争的时候也需有君子之行。先礼后兵，不是不告而夺，也不是粗鲁无礼，这就是有勇而且有义。

> 人本身的提升必然有欲，有欲而不能无求，有求而不能不争，争有时候是不得已，但是争的时候也需有君子之行。

孔子讨厌的第四种人，是果敢却不通事理、情理的人。有的人做事果决，当机立断，但同时却很难理解别人的处境和态度；做事直接，却让人很难接受。这种人容易胡作非为，偏执狂妄，也是非常让人讨厌的。

子贡讨厌的三种人

孔子说了自己讨厌的人，又问子贡："你是不是也有讨厌的人？"子贡也是成器之人，我们来看看他讨厌什么样的人。

子贡说他讨厌三种人。第一种人，侥幸成功，就自以为是，目空一切。我们周遭大概有不少这种人，遇到了一个机会，突然发财了，或者有地位了，于是志得意满，溢于言表，觉得自己非常了不起。子贡觉得，这种人的成功是占了天时地利的便宜，甚至是剽窃别人的成就，得到了一时的、偶然的成功，却不可一世，认为自己比别人聪明、有智慧，而坚持己见，这会令人觉得不可理喻而讨厌他。

子贡讨厌的第二种人，是不懂得谦逊和服从，却认为自己是勇者的人。他们常常认为，自己是直率的，说实话的，毫不谦逊，攻击别人，顶撞上司，认为上司不行，哪怕自己不行，也有着敢于直言的美德，自以为是一个勇者，行事在理。

我想子贡所说的这种人，在我们周遭也很容易碰到。四十岁左右，事业有一点基础，但是也在爬坡阶段，地位也还没有到社会高层，就常犯这种毛病，以能顶撞上司为勇、为能。"我是很直的，有勇气，你们都胆小，不敢顶撞，就是我敢，我就不服。我觉得对的我才服，不对的我就不服。"其实，对与不对如果只以自己为标准，就很麻烦了。这种人一般很难听进劝诫，妄自尊大，见识粗鄙，很难有改过的机会。自以为是，行事过分的人，当然是非常让人讨厌的。

子贡讨厌的第三种人，是喜欢把揭发别人的隐私当成自己正直表现的人。子贡认为，这种人假道德，有虚妄的道德观，而不惜真实地伤害别人。这种假道德的人容易屡犯，非常让人讨厌。

其他六种让人讨厌的人

孔子讨厌的四种人，在社会上层居多；子贡讨厌的三种人，在社会中层表现居多。那么还有哪些让人厌恶的人呢？

第一种是利口之人。利口之人是佞人，也就是善于讨好别人的人。他们常以谄媚为能事，目的只是为谋得职位和利益。佞人通常为了让上面的人喜欢，以非为是、以是为非，颠倒黑白，他们常会把好事变成坏事，是真正的小人。

第二种是指鹿为马之人，他们信口雌黄，常常搅乱别人的方向，也是令君子人非常厌恶的。

第三种是乡愿之人。乡愿之人同乎流俗，合乎污世，没有是非感。孟子说：（这种人）居之似忠信，行之似廉洁，众人都喜欢他，自以为是。这种人没有自己的主张，风吹四面倒。这种随风转的人，迎合每一个人。别人说东他就东，别人说西他也西。《孟子·万张》中提到，孔子说：走过我的门口而不进入我室的，我会觉得没有遗憾的只有一种人，这种人就是乡愿之人。孔子对这类人非常讨厌，他甚至评价说："乡愿，德之贼也。"

第四种是色厉内荏的人，他们表面上看起来非常威仪，内心其实很怯弱。这种人为了伪装内心的怯弱，而故意装出一副非常有德行的样子，表里不一，就像小人中穿墙入室行窃的盗贼一般，惹人厌恶。

第五种是道听途说之人。这种人是指入于耳就出于口，不入于心的人。他们喜欢散布谣言，听到了些消息，不经过自己认真的思考和考据，就四处去说，这种人终究无法成德的，所以被视为"德之弃也者"。韩非子认为，凡事没有经过证明，就去随意散布，叫做"诬"；没有经过自己的思考和考察，就随便相信别人所讲的话，叫做"愚"。随便说出去的是诬，随便听进来的是愚，道听途说的人非愚即诬，这种人是很可恶的。

> 随便说出去的是诬，随便听进来的是愚，道听途说的人非愚即诬，这种人是很可恶的。

第六种是患得患失的鄙夫。这种人在志愿还没得到伸展的时候，害怕得不到，得到了又怕失掉。所以这种人，在患得的时候，可以不择手段想方设法去获得；患失的时候，又会用许多手段避免失去。因为怕失去已有的地位和财富，他们能做出可耻的行为。

患得患失的人，从小处讲会做出让人恶心的事；往大了说，就会有杀父弑君的行为。在历史上这类例子很多，为了皇位，很多人可以杀了自己的父亲，迫害自己的兄弟，为什么？因为他想要得时，会杀父弑兄，得到了之后，怕别人篡位，又要杀掉潜在的威胁者。这种人是可鄙之人，也就是让人瞧不起的人。这种人在今天也有很多，虽然没有王位的争夺，但是为了利益和地位，他们会不择手段，无所不为，绝对不能与之共事。

综上，有孔子说的四种可恶的人，子贡说的三种讨厌的人，还有其余六种让人不齿的人，总共加起来有十三种人是让人讨厌的。如果人到了四十岁，或者超过四十了，还有上面所说的这些毛病，那就要谨慎小心了，不能继续再犯了。因为让人讨厌的结果是不堪设想的。

让人感觉不愉快的三种行为

我们到了四十岁时，要加强修德，以免功败垂成。除了要注意不可触犯上面所讲的十三种会让别人讨厌的行为之外，还要避免让别人有感受上的不愉快。哪些行为会让人感觉不愉快呢？

第一种，说话的时机不对。虽然你说的话都对，但是时机不对，会让人感觉不愉快。

第二种，说话的态度让别人受不了，让人觉得受到了屈辱。人有着这种感受，也会讨厌你。不论是教诲或劝谏，都要有所顾忌。单刀直入或贸然行事，都会让人难以接受，委婉而行，才不会积怨成仇，弄巧成拙。

第三种，做好事，却没把握住立场。做好事时，立场一定要把持住。吕坤在《呻吟语》里谈到：路见不平拔刀相助，这是件好事，但虽好也坏。为什么呢？帮助了弱者去对抗强者，你也就因此而失去了中立者的立场，加入战团，那么这场战斗还是没有结束。

有这么一个笑话。一个人家里来一个朋友。这个朋友爱喝酒，主人就叫儿子去打壶酒来。结果儿子去了半天，

第十三章 循时而教
——四十而不惑

酒老是打不回来，父亲就出门找儿子去了。他走出去不远，就看见儿子站在狭窄的巷子中间，和另一个人面对面，谁也不动。父亲就问儿子怎么回事，儿子说："他不肯让路，我也不让他。"父亲走过去，告诉儿子："你把酒拿回去，我在这儿跟他耗着。"

有时候，拔刀相助不见得是好事。当别人有纷争的时候，你要把纷争平息掉，而不是加入纷争，成为对峙的另一方。

总而言之，当我们在行直道，或者在行刚道的时候，千万要注意我们的态度，要审慎地选择对方能接受的时机，以及对方能接受的态度与方法。如果没有考虑别人的感受，那么不仅道不能张，而且自己也会因此招祸。历史上很多忠义之士，总落得行直道却遭惨死的下场，不禁让很多人怀疑到底该不该行直道，该不该做一个正义的人。其实这并不是一个简单的要不要守道德的问题，关键还是怎样行道。怎样行道才能不让人讨厌？其间分寸的拿捏，如何才能恰到好处？这着实困扰了许多有心学道及行道之人。

> 正义的人行事，尤其要特别注意不要见恶于人，能够不见恶于人的直道，才真正能起作用。

正义的人行事，尤其要特别注意不要见恶于人，能够不见恶于人的直道，才真正能起作用。人到壮年，三十而立之后，要能够小心谨慎地要求自己，在理直之下，还能够气和，而不是理直气壮，气壮是伤人的，既伤别人，也伤自己。这就是在培育仁、智、信、义、勇这些常德之后，我们一定要学习的地方。

当一个有道的君子，能够立得更好、立得更对，同时还能有善终的时候，后面的人就会相效而学习之，竞起而承传之。这才是对"道"最大的维护，而不是让自己莽撞地伤害自己，结果让后人对行道畏难。这是一个壮年人的社会责任。

孔子认为，如果人到四十还让人讨厌，这种人就无可救药了。因此怎样能让别人不讨厌，就成了四十岁人的最大的惑。关键点在于：要怎么做才能让人不讨厌？应该让哪些人不讨厌？如果已经尽心尽力了可还是被人讨厌，到底是做得不对，还是考虑得不够周全，或者是某些心态不对而造成的？

四十岁仍要行守道德

有些人在史上留名，大家都赞美他的人品，认为他是有功之人，但是他却死于横祸。如此说来，有德行、有功劳也不见得能够全身而退。那么，德行是不是还有坚守的必要？

我们可以看看，下面这些最常见到的几类人，在这个问题上的表现：

第一种人，只图富贵的"鄙人"。未得之前急于求得，既得之后又怕失之，这种患得患失、贪恋富贵的人，一定要把患得患失之心去掉，才不会让人讨厌。当富贵来临的时候，如果不以其道得之，就不应该要，放下对于财富的执着，随它去吧。

第二种人，有志于功名。自我感觉跟追求富贵的俗人相比要高明一些。这种人希望立功立业，希望成为"闻人"，这种人所学的是"为人之学"，他们希望自己在别人眼中是一个成功的人，也就是子贡所说的，侥幸成功之后就自认为聪明的人。在别人眼中是一个有地位的人，别人就要听他的话。这样的人是非常令人讨厌的。许多成功的人、位置高的人，对待部下的时候都因这份骄傲的心态而很是无礼，常用呵斥的方式去指使别人。

《说苑·反质》里记载了一个故事。曾子问公明宣：你当我的学生三年，但是并不学习，为什么呢？公明宣解释说，他到曾子门下三年，看到了三件事。

第一，先生在房内，如果父母在，从来不呼喝，连畜生都不骂。

为什么呢？因为怕旁人听到，以为在指桑骂槐。在我们的生活中，通常会有这样的误会。媳妇教育孩子，声音大了点儿，语气凶了点儿，婆婆就有点不自在，担心媳妇实际上是在骂自己。说者无心，听者有意，曾子非常注意这一点。

第二，先生接待宾客，恭敬节俭，从来不松懈怠慢。

我们接待客人的时候，多少会受到一些影响，比如来的是朋友、熟人，礼数就不那么周到，让他自己坐，自己倒茶喝。他心情好的时候可能不在意，心情不好的时候就很在意了。接待客人周到与否，还跟我们的心情相关，心情好的时候，接待周到，心情不好的时候，就会随便和敷衍。这些肢体语言一旦被客人解读，无意中就得罪了人。

还有，如果来了尊贵的客人，我们就会小心，如果来了贫贱的客人，我们就没有那么周到了。而曾子招待宾客时，不管是什么样的宾客，是贵客还是普通的客人，他统统都以最慎重的态度，大礼接待。

第三，先生在庭院，严格对待下人，却从来不诋毁伤害他们。

曾子对人，从来只对"事"评价和指示，而不说"人"的缺点。这一点很多人做不到。其实当官也好，做老板也罢，批评只能针对事情本身，而不能进行人身攻击伤及人的尊严。我们经常看见一些居高位的人，骂完事之后开始骂人，"笨死了！""有脑袋没有？""挖个坑把自己埋了吧！"……作威作福，连人带事一起骂，这就非常令人厌恶了。

第三种人，层次更高，是有志于道德的人。他们奉行的是"为己之学"，就是想提升自己生命的人。为己之学的人，格外重视怎样让人不生讨厌。并不是说有了道德，就不在乎对自己造成生命危险，就可以所谓舍生取义。

孟子的"舍生取义"有他的道理，但在孔子的思想里，更提倡生与义都要兼顾。孔子特别强调，人在四十岁的时候要行道德，不要因为自己让人讨厌而招来杀身之祸，导致后人认为行守道德会招祸的错解。这是行德之人应该特别谨慎的地方。

四十岁要分辨困惑

孔子认为，崇德必须辨惑。《论语·颜渊》提到："攻

第十三章 循时而教
——四十而不惑

其恶，无攻人之恶，非修慝与？一朝之忿，忘其身，以及其亲，非惑与？"一到愤怒的时候，就不顾生命了，忘了自己，忘了自己家里还有亲人，这是不应该的。孔子认为，当人行道德的时候，看到不对的事情，要想办法去解决，而不是舍身不顾地去蛮干。换句话说，行直道的时候，应该保护自己，更应该注意的是不伤害别人，不让别人讨厌。这是保身之道，也就是全身之道。

> 行直道的时候，应该保护自己，更应该注意的是不伤害别人，不让别人讨厌。这是保身之道，也就是全身之道。

孔子是在指出，行直道的时候，道德和我们所做的事业之间会有冲突。这个问题当时的人有困惑，今天的人困惑更大。

很多做生意的企业家说："孔子之道真的很好，可是不能照着做，照着做我就赔本了，同行也会骂我，我就没办法了。所以孔子的道德只能说说，只能在理想中做梦，顶多只能用在做人上，但是不能用在做生意上。"做人与成就事业好像是两回事。这样的困扰存在很多人的心底深处，尽管有的人并不是生意人。实际上，道德跟你要做的事会这样水火不容吗？是真的不能并存吗？不是。以道德之心来做商业，只能让你的商业做得更好。因为这个时代是讲信用的时代，欺骗不能长久。我们可以看到，在现代商业更为发达的西方社会，一个人的信用是最让人在意的，丢掉信用，就会在社会上寸步难行了——银行不给贷款，没有人愿意与他合作，也没有人愿意雇用他——他就走到了绝境。

在国外，老师很多时候要给学生们写推荐信，说这个学生有什么能力，多能干，办事情多精明，这不是重点，重要的是要写这个人非常诚实，他的人格我是可以保证的。这句话是别人最看重的，也是推荐信的关键。

西方人非常重视一个人诚实与否。即使是一国的总统，做错事的时候也必须当众道歉，承认错误，这样才能换来大家对他重新建立信任。这一点在中国似乎有点变化。我们对一个人的不诚实，好像觉得没关系。有时候说一些谎话，代表这个人聪明、灵活。但这种要小聪明的方式做不成事。一个人的成功是要成长久之功，要经得起时间考验，长长久久，三十年、五十年之后，你还是被别人肯定，而不是成功于一时，今朝荣耀，明日跌倒，那不叫成功，反而会给人带来更多的痛苦，更多的羞辱。

所以四十而不惑的时候，一定要辨惑，要分辨到底迷惑什么，明确你真心要的是什么，千万不要一时愤怒之下做错了，也不要为了得到一时的便宜，动点手脚，马虎一下，以致造成无法弥补的后患。

四十岁要远离抱怨

四十而不惑更重要的是远于怨，就是不要被人埋怨、抱怨。必须学会薄责于人，当别人犯了错，伤害了你时，不要言词俱厉地责备别人。尽管对方也知道是他的错，但是因为你态度粗暴，责备之后他反而觉得自己没错，你怎么可以这样羞辱他？这会让他由愧生恨，由本来觉得歉疚变成不但没有歉疚，还认为是你对不起他。

在是非面前多要求自己，少要求人家一点，因为是与非是主观的判断。你看着对的，别人未必觉得对；你看着不对的，别人未必认为不对。

墨子曾经针对这个问题有过一个非常精辟的说法。他说每一个人，一旦心里有一个自认为对的观念——这是我的想法，我的想法是对的，那么就会产生第二个想法——既然我的想法是对的，凡是跟我不一样的就是不对。所以人经常会有"己是而人非"的看法，两个人面对面的时候，都认为自己对，公说公有理，婆说婆有理，就会批评对方。

一个家庭里，两个人都认为自己不对，反而不会吵架。如果两个都认为自己是好人，自己是对的，就很容易吵架。举个简单例子。妻子把茶杯摆在桌角，丈夫穿大衣的时候没注意，衣服蹭到茶杯，茶杯掉在地上打碎了。丈夫觉得自己不对：糟糕，我把茶杯打翻了。这时候放茶杯的妻子就骂：你没长眼睛啊？怎么把茶杯打翻了？打翻茶杯的丈夫也恼羞成怒：你怎么把茶杯摆这里啊？这里是摆茶杯的地方吗？一场架就吵起来了。两个人互相指责，彼此就会生怨、生恨。

其实，即使自己有理，也千万不要仗着自己是对的，去指责别人不对。"交相非"的结果必定是"交相伐"。常常吵架的夫妻，最后一定会动手打架，结果不可收拾。两国交战，原因也总是出在彼此认为对方不对上。让人讨厌的就是站在理上，却得理不饶人。

《增广贤文》中说：饶人不是痴汉，痴汉不会饶人。傻瓜是不会饶人的,会饶人、懂得饶人的人,绝对是智者。只有智者才能不惑,只有智者才能在自己理直的情况下,还能饶人、容人。智者不但能让别人尊敬他,还能赢得自己最后生命的肯定与安全。这也就是"得饶人处且饶人"、"穷寇莫追"的道理,看似饶人,其实是保护自己。

在四十而不惑的阶段中,真正能够让自己留有余地的生存态度,是在待人接物上事事替后处想,每一个时段都为别人留有余地,让自己不要过分炫耀,这就是四十而不惑的关键。

四十岁要谨慎收敛

人到了中年,有了成就岂能不希望别人赞美,岂能不希望得到天下人的恭维?这是光宗耀祖的事,多么光彩。可是光彩的事情,只有在含蓄、收敛当中,才不会让光刺射到其他人。

行德的目的是提升自己的生命品质,不是为了得名,也不是为了让别人尊敬,更不是为了炫耀自己有多了不起。修德的目的是让自己的生命能够更有格局、更圆满、更有光彩。四十岁的人快到顶峰时期的时候,越发要收敛——收敛自己的光彩、收敛自己的气焰、收敛自己可能伤及别人的不经意的言语,这样才不会给自己带来后患。

处处要注意自己的言行,处处要谨言慎行。为什么历来的皇帝都要寡言?因为言多必失。为什么历来的大臣们在上朝之前,都要把想讲的话写在板子上,因为怕一时情

第十三章 循时而教
——四十而不惑

急之下说了不该说的话，而给自己招来杀身之祸。

凡事谨慎，越是成功的人越是谨慎。诸葛亮一生最大的成功就是"谨慎"。人成功之后很容易被捧上天去，然后就自我放纵。放纵会让我们得到不堪的后果。纵其欲固然不可，纵其心更是不可。人不管觉得自己有多对，做的时候都要收敛。通过了四十岁的不惑，把心收进来，再通过五十岁、六十岁的历程，才能到七十岁的时候把心练好。经过三十年的炼心，就可以"从心所欲，不逾矩"。练好的心本身就是规矩了，行事就不会违反规矩，不会逾越，所以照着自己心的欲去做，就可以畅通无阻，不必再挂碍还要审慎。但这是七十岁的事，而不是四十岁的事。四十岁的时候，要把注意力放在向内收摄自己的放纵之心，要认真地看自己。

> 行德的目的是提升自己的生命品质，不是为了得名，也不是为了让别人尊敬，更不是为了炫耀自己有多了不起。

最后，我们来看，《后汉书》中说：得失一朝，荣辱千载。岂可不小心谨慎啊！四十岁的人，不论是否已经有成，都该谨慎用心的。就是这份"眼前的得失"与"千载的荣辱"之间的一念之差，俗人选择"眼前看得到的利益的得失"，君子选择"扬名于千古的荣辱"。千古以来，青史上留名的人，有令名、高名、污名、骂名的不同，都是通过他们自己的言行作为，一生积累下来的。每一个当下都是关键，岂能不经心？每个选择的当口都考验着人的选择目标，这些点点滴滴都是自己品位的流露，是以"自己所选择的生命价值及意义"为目标,用生命一步一个脚印走出来的。

对于人的品位,孔子及老子都大致分为上、中、下三个层次。第一个层次是有志于富贵,需求的是外在的财富和地位。这两样都是由别人给予的,往往与自己的生命美善无关。第二个层次是有志于功与名,好像跟自己的切身关系比较近了一点,能由自己去操作,但毕竟仍然是外在的东西。第三个层次是有志于道德,这是在内心的,对自己的内心有要求的时候,最重要的就是告诉自己,道德是为自己做的,不是拿着道德的尺码去要求别人、衡量别人、评价别人的。道德更不是用于炫耀——"因为我做到了,所以我了不起,你们都应该对我生出敬仰之心。"这是绝对错误的。

做到以上所说的这些,人才能够在有德之后,有尾有首、有始有节,不会被富贵干扰,富贵不能淫、贫贱不能移、威武不能屈,形成真正坚强的心智。怎样用聪明智慧,使自己既能够坚持原则,又能够解除危难,这就是四十而不惑的时候要学习的。

外圆内方是儒家的特点,原则是不会变的,但是在方法上可以通权达变,是圆融无碍的,不但能解决问题,而且在面对困难或者灾难的时候,可以迎刃化解。不能化解灾难,德不叫正德;不能解决问题,道也不叫真道。在孔子看来,四十而不惑是在人三十而立之后,要更上一层楼、必须学习的智慧,也就是圆融变通的正德、真道的智慧。

人达到这样的境界之后就会了解到,原来人受限于环境,是必须去体验的,然后再用更高的、更好的心态面对

第十三章 循时而教
——四十而不惑

这个体验，让生命找回自在的乐趣。

生命本身就是这样的一个变通，使得生命最后能够寻找到真正的自在，真正的快乐，人就不会被外界的成与败、得与失所支配，人就真正成为自己生命的主人，能够为生命的好与坏、善与恶负责任。

> 不能化解灾难，德不叫正德；不能解决问题，道也不叫真道。

一个善的生命是要自己一点一滴去慢慢领略、慢慢修正、慢慢达成的。五十而知天命、六十而耳顺、七十从心所欲不逾矩是什么样的呢？我们下一章再详细分析。

第十四章　循时而教
——五十、六十、七十

六十岁的敬内而直外是一个炼心的过程，当我们的心已经达到了澄澈清亮的境界，断事也都能够切中时要，恰到好处，就会没有任何疑虑，所以连占卜问卦都不需要了。

五十岁要知天命

孔子对人一生的各个时段，都给出了细致的建议。十五岁向学，三十和四十岁往上冲，并开始学会收敛。等到了五十岁，孔子有了更多的经历，他发现，原来天下有些事情不是人力一定可以做成的，孔子把那些人力无可奈何的事称为"天命"。一个君子到了这个年龄，碰到了这样的状况，要懂得知命。所以他说，"不知命无以为君子"。孔子也是到了五十岁时才知天命的。那么他所谓的命跟天命，到底指的是什么呢？

天命无常，所以要谨慎行事以保天命

事实上，孔子谈命和"知命"，在《论语》里并不多见，全书谈天命的地方一共只有三处，除了"五十而知天命"之外，只有《论语·季氏》里的两处——"君子有三畏：畏天命，畏大人，畏圣人之言。小人不知天命而不畏也，狎大人，侮圣人之言。"提到这个意思，但并没有指称"命"和"天命"的有三处。相比孔子讨论的其他主题，比如"仁"、"道"，这个数量算是很少的了。《论语·公冶长》里提到，子贡说："夫子之言性与天道，不可得而闻也。"跟天命有关的道理，虽然孔子谈得并不太多，但是可以从《论语》的前后章节中，去揣摩孔子所讲的天命的含义。

孔子曾经说："郁郁乎文哉，吾从周。"他说人文之道丰富完备，这种人文之道他是很接受的，那它从哪里来呢？出自周朝。"命"就出于西周初年。在殷商时候它不叫"命"，而被称为"令"。在甲骨文中，很多地方都谈令。到了西周初年，周厉王和周宣王的时候，"命"字才清楚地出现在器皿上。"命"其实就是"令"，它们经常在西周初年的器皿上相互替代性地出现。我们可以进一步来了解殷商时候的令到底指的是什么。

殷商时代所讲的令有两种，一种叫王令，一种叫天令。出自于天的叫天令，出自于王的叫王令。天跟王会发号施令，要你做什么，不做什么，而所发号施令的内容，就叫做令。人要受制于这些发号和施令，就叫做命。受自于天的就叫天命，受自于君王的就叫做爵命。

成器比成功更重要

"天命"有两个特征。第一，天命不是人可以控制的，不是想要就可以得到，不想要就可以拒绝的；第二，即使有了天命之后，也不见得一直能让人拥有下去，还得看人到底能不能承受住这个命。西周初年有"天命靡常，唯德是辅"一说，就是说老天给你的东西，并不恒定，要看你能不能够修德行，符合天命的要求。如果符合，你就继续持有；如果不符合，就会被收回。我们常说"收回成命"，就是收回那些已经发出去的命令，这也是人跟天命之间的关系。周朝初年的"周王受命说"，我们今天都很清楚，这不过是周王在取代商纣王之后，为了安抚殷商的老百姓的一种说法，让他们能够忘掉之前的殷商，而接受周朝的统治。"周王受命说"，是老天把天命转移给了周文王、周武王，是因为商纣王在接受了天命之后，没有好好修德，所以老天收回了天命。其意思在强调周文王、周武王是受天命而得其位的，让殷商的老百姓顺从天命。

"周王受命说"的用意集中在两点上。第一，殷王为什么会失天命，周王为什么能够受命？就因为天命靡常，唯德是辅。这是要告诉殷朝的遗民，受命跟保命都不是容易的事。殷王因为没能保命，所以他失命，而周王受命，所以周王能够得到天下。第二，周王要告诫他的子孙，正因为受命和保命的不容易，周王的子子孙孙在做人做事上，在治理国家上，切勿荒淫，要认真行事，切勿重蹈殷商的覆辙。天命无常，是会变的，人在得享天命的时候，更要谨慎从事，不可荒疏放任，而要修仁德。所谓尽人事、听天命的思想，就是这样形成的。

天命无奈，所以要先尽人事以听天命

西周所讲的"命"的特性，归纳起来有以下几点。

第一个说法，就是天的命令。人的身上确实有受自于天、人意不能改变的"命"。它包含我们具备的才能，以及我们得到的使命。人有差异，所接受的命也各不相同。为王者从天那里得到的是人民和疆土，一般人所受于天的就是自己的人性。为王者要保有他的江山，就必须善待他的人民，保持他的领导；而为人者，就必须保持住本性使其不要丧失，保不住人性就像为王者保不住他的国家一样，这就叫丧失了天命。

孟子非常强调要存养我们的天性，让人性善能通过我们的行为，把它彰显出来，这也是我们的责任。善良的人性由隐而显，由潜能到实现。《中庸》里说"天命之谓性，率性之谓道，修道之谓教"，就是说人要依性而行，了解人的本性，完成它，就叫做成人之道。

第二个说法，如果想去争取命，必须先尽人事。什么是命呢？寿夭、吉凶、祸福、成败、生死都叫做命，很多人把一件事最后的结果也叫做命。如果人想争取得到好的、吉的、福的成果，就必须先尽人事。

有时候人努力很久不一定成，这是因为受制于外，不是操之在己。此时就更应该先尽人事，然后再听天命。我把我该做的事都做了，老天不让我成功，这是命也。孔子曾经说过："道之将行也与？命也。道之将废也与？命也。"（《论语·宪问》）——我的道能够行得通，是命；道被废弛，那也是命，都是老天的意思。人如果没有办法控制结果，最好的办法就是不问最后的成败得失，把该做的事都尽到责任，就算最后没有实现，人还是会平心静气，会安详快乐。

孔子在陈蔡之间没饭吃的时候，就表现出这样的心态。那时候他已经是六十几岁的人了，他的弟子子路跟子贡聊天：你看看我们夫子，都已经穷困潦倒到这般田地了，还在那里弹琴唱歌，真是不知羞耻。颜回听了以后，告诉孔子。孔子把子路和子贡找来对他们说：我的道是非常通达的，但是环境不允许它行之天下，这是天意。君子可以安于困厄，而小人在困厄中就会胡作非为。

孔子在五十岁的时候，就已经看到了天命，也正因为他看开了，当他周游列国传道的时候，虽然大家都赞美他的道，可是都不用他的道，他仍然很释怀，坚持自己的道不改变。孔子觉得，认准的道是对的，虽千万人吾往矣，不成功是天意。因为他坚持，仍然肯定这个道，才有今天"至圣先师"的尊号，才更为可贵。如果他没有坚持人道的尊贵与真理，中间转变了，那就不是孔子，也就没有两千多年后的今天，我们还将他视为生命导师。

第三个说法，保命不容易，行事如果不依人道，就算成功也会马上失败。所以行事要依人道，要守礼守义。如果不能够守礼守义而淫逸失德的话，就会遭到天谴，人对于天的谴责跟处罚是无处可逃的。

天命无常，所以保天命不易。人不要因为天命并不操之在己而萎靡、等待，受天命的前提在于应该尽力先行人事，以尽人事作为受天命的基础，尽完人事之后再等待天命。如果天命还是不给予，我依然无怨无悔。"俟命论"就是尽管我没有办法影响天命,但是我还是做我该做的事。

做事其实不是为了得到想要的结果,这跟魏晋南北朝的道生和尚所说的一个观念很像。他说,善不受报论。做善事并不是为了希望能够有善报回应,而是为做善事而做善事的,这份心叫做真心。做了善事期望得到好的回报和额外的收获,就不叫真心了,这是把做善事当成手段和工具。凡如此,做善事也不过就是在做生意,都是假的。

> 做善事并不是为了希望能够有善报回应,而是为做善事而做善事的,这份心叫做真心。

孔子认为,"为德"是为了真正地让自己的生命有方向、充实,并且掌握在自己手上,而不是在意最后的成败得失,更不是在意富贵贫贱。因此,当我们把结果成败都能放下的时候,我们就会很释然,很开怀,这份乐趣是那些成天挂念能不能成功的人没法享受的。

孟子说过一句话:"赵孟能贵之,赵孟亦能贱之。"凡是人能给予的尊贵,别人也能让其下贱,贵来贱去,不是永恒的。天命无常,人不必为无常空费心思,而懈怠了该做的有常的事。行善事谓之经道,经道就是常道,人做事行德是正常该做的,不必为无常所烦恼。

这个观点,可以让我们更好地了解《尚书·咸有一德》中的"天难谌,命靡常"。天命易变,老天给你就给你,不给你就不给你,你毫无办法,所以不可以去依赖它、仰仗它、凭靠它。

周公辅政,后来要归政于成王时说:天下大事现在已经定了，但是，天命是不是还会继续让我们保有，我并没有把握。我不敢仗持着有天命、安于天命而把人事给忘了。后面继起的王，永远要感念天威，以人民作为监察的标准。保固天命的根在于求己，不要尤人，不要怨天，不要违天命。在行事上，要处处谨慎小心，尽量做到最好。周公告诫周朝的后世子孙，不要只考虑天命的有无，而要考虑自己的人为之事做到了没有。

天命无私，所以要畏惧天命以尽自律

孔子说的"知天命"，到底意味着什么呢？它有两层含义。

第一，我们要知道天命是有的。天命存在，对我们有限制性，也有授予性，它会给我们，但是它也有限制，也有收回的时候。这一切都是人力所无法改变、无法影响、无可奈何的。也就是说我们做一件事，其最后的结果并非是做事的个人能决定的，也不是任何其他个人能决定的，而是一切环绕此事的总体因素综合的力量造成的，这是一个事实，论语的天命说就是表达出这个事实，所以真正的知天命，就是我们要处处小心尽力而为。

第二，人要想成事也要靠天命。最后的监察者就是天。在尽力而为之后，再来等待天给我们最后的结果，我们就会是安心的。我们不能依仗天命，而要知天道。上天之意，大体上是福善而祸淫的，但也有不齐的，所以贤者不必长寿，不仁的人不必不禄，若从单一的事情上去考虑吉凶祸福，有时未必一定如愿。正因为知道天命是如此，所以要以立命来成就自己的生命意义，这样才能不受天命授予与否的限制。

什么叫做立命呢？立命就是"尽人事以俟天命"。

因为天命不会随便给人，只给需要修德够资格的人，所以我们要在尽人事之后再去承受天命。人先站起来，天就能自然地扶一把。知其不可而为之是立命。孔子提倡人文之教，彼时天下混乱，人民苦楚，周围的人对孔子道的可行性并不看好，乱世之中讲人道，这是知其不可为而为之，而孔子则认为，这就是立命。

我们相信天命是存在的，因为天命在人事之外，非人事所能支配，而且无法事前知道，所以必须以敬畏的心去对待它。不知命的小人无所畏惧，什么都敢做，天不怕地不怕；知命的君子会谨慎其事，有所戒惧。所以知天命有助于人在行事时有所约束，有所畏惧才不会越轨。

首先我们要受到法令的约束，这是外在的。因为是外在的，所以有知法犯法的人。法令虽出，但钻法律漏洞的人会很多，智谋多端的人会用谋略，想出办法来玩弄法律，最后把人性都弄坏了。其次，要用理来约束人。让人打心里觉得有必要约束自己。真正最重要的第三层约束，是在内心里有所畏惧，知道自己不可以行坏事。

有所畏惧于天命，会进一步让人去守德、守礼、守纪、守义、守仁。无所畏惧的人，会肆无忌惮，想尽办法，钻尽漏洞，欺骗天下人来做他想做的坏事。

人的自律还是要靠心有所敬畏。孔子说："君子有三畏：畏天命、畏大人、畏圣人之言。"知命之后，人才有敬畏之心，有敬畏之心，才知道应该尽自己的力，去成就最后做人的成功。成功并不意味着飞黄腾达、有很高的地位，颜回并没有大富大贵，在他一箪食一瓢饮的穷困生活中，"回也不改其乐"，但是他有尊严。他实现了做人的成功，这就是孔子所谓的知天命。

知命之后，人才有敬畏之心，有敬畏之心，才知道应该尽自己的力，去成就最后做人的成功。

六十与七十岁如何度过

六十岁要倍加敬谨慎心

至于六十而耳顺是什么含义呢？孔子说，老年血气既衰，当戒之在得，所以很多人就解释说，这里所说的"耳顺"，指的是不管听到好话坏话，我都可以接受，没有逆耳之言了。

但是我研究《周易》的时候，发现孔子在《十传》里有很多地方把"顺"字当成"慎"来解。比如，《周易·坤文言》中说："'履霜，坚冰至'，盖言顺也。"看到霜的时候，你就知道后面寒冰要来了。一叶知秋，从它发乎其微的时候，你就要开始谨慎小心了。《周易·坤文言》里还有一句重要的话："积善之家，必有余庆；积不善之家，必有余殃。臣弑其君，子弑其父，非一朝一夕之故，是所由来者渐矣，由辩之不早辩也。"这样可怕的灾祸并不是突然发生的，它有慢慢形成的过程，你早就该分清楚、早就该防范的，因为你没有防范才会慢慢形成。换句话说，在它萌生之初你不够谨慎，就造成了这样的后果，所以一开始就必须要非常谨慎，慎始才能善终。

你听到别人的话，跟你自己过去的心得有可能相合，有可能相悖，不管你是高兴或者不高兴，你都得要审慎应对。别人说的跟你心中所想完全一致，先不必激动，也不必放下戒备忙着认知音，而应该反复考虑，审慎思考，这是不是别人的真心话；当别人的想法跟你不一样的时候，你更要谨慎，想清楚是不是你自己的想法错了。孔子的意思恐怕是，人在六十岁的时候，不管听到的话是否认同自己，都要审慎其事，要谨守"直其正也，方其义也。君子敬以直内，义以方外"的原则。时时如此，以敬内义外来检讨自己的言行，才可以达到"敬义立而德不孤，直方大，不习无不利，则不疑其所行也"。

七十岁即能心与天合

一般来说，六十岁的老人容易患得患失，如果此时能以"敬、义"的心态去检讨自己，那么就可以让自己的所行皆能合道而有德，而且不必再通过占卜确认任何事，因为你谨慎小心，可以不必怀疑自己的所作所为了，事情会无往而不利的。如此坚持训练自己十年，到了七十岁的时候，就可以从心所欲不逾矩了。

六十岁的敬内而直外是一个炼心的过程，当我们的心已经达到了澄澈清亮的境界，断事也都能够切中时要，恰到好处，就会没有任何疑虑，所以连占卜问卦都不需要了。过去，一般人为了审慎其事，常常要连续问卦，确认这件事这样做到底对不对，可不可以。今天，我们更多的是去找人商量、讨论，让有经验、有见识和德行的人给我们一些建议，这些都是在审慎的时期要做的事。等到人的审慎已经有心得了，心也练就得一片澄明，这时判断就会清晰准确，拿捏分寸就会有十足把握。这个时候，按照你的心来作判断和决定就好了，所以七十从心所欲而不逾矩。用一颗能够跟天命合一的心来做选择，判断自己要做的事，是最好的。修炼到这样的地步，人到了七十的时候，已经可以成为真正的君子。

"从心所欲不逾矩"也包含另一个意思，就是人到了这个层次，就不愿意超过规矩了，因为他知道，逾矩会给他带来灾难，这时候人的规矩已经立在心中，行事反而自由自在，不会做越轨的事、超出本分的事、没有把握的事。所以守礼、守义、守道、守德，在有道君子那里，已经不是一件难事，是他心里的期望最自然的流露。

如果人的内心到达了如此的境界，人就获得了彻底的解放，这也就是庄子所说的"逍遥""自在"，生命不再是被操控的，而是自主的。

成器是人生的一等大事

孔子把一个人应该注重的修炼和修养，从少年时分一直说到了青年、壮年、老年，经过这一系列的修炼，到了最后，人就可以达到自由自在、收放自如，得到了最终的解放，享受生命中最大的甜美。行道有得，学道有成，这是经历了一生的努力达到的人最圆满的境界。

　　学完这些，我想我们应该能领受孔子这个伟大教育家的胸怀。他不管人的起点到底是高还是低，不管人的天资是好还是坏，能让哪怕最愚钝的人都能有学习的方向、方法和手段，顺着人生的这条路举步前行、按部就班、循序渐进，最后抵达人最大的成就，就是做人的成功，悟道和行道的成功，也就是成器，成德完工。在这个终点上回头看，人聚敛了多少财富，有过多高的盛名，都是不足道的。而孔子给我们指出的这个阔大的生命气象、精彩的人生历程、丰富的人生体验，能够让我们充满勇气，不断地修正自己、完善自己，让每个人都不会白活一世，这是他留给后世的一笔巨大的财富。

　　不管是在农耕社会，还是工业社会，以至到了信息化的世界，无论我们是否拥有了与过去不可同日而语的财富，掌握了多少先进的技术，人的本质并没有变化，人的困惑也同样多，甚至更多。孔子的人生时教，对于我们每一个人都有着巨大的价值：让我们在忙碌中不偏离方向，在困顿时心中充满希望，在疲惫时从内心找到力量，在迷惑时看到解决问题的路径，在上进时拥有更加高远的理想。这就是孔子的圣人功业，也是他为全世界、全天下移风易俗所做的教化功业。

　　人一出生就像被抛进一片大海，有晴朗清明的时候，也有波诡云变的危险，孔子的人生时教就像在无际的大海上竖立的灯塔，不断提示我们正确的方向，指示我们每一段行程可能遭遇的风险，他给我们描绘的人的圆满之道，不仅美丽，而且可行，我们通过这样的人文教化，自我修正，自我调整，自助自救，最终都有可能达成成仁的境界。这是我们一生都应该珍惜的智慧。孔子让我们看到了一个人超越环境限制、超越自我能达到的高度，他经历了重重困难，实现了他的使命，也给我们每一个普通人修炼和完善自己提供了一条美妙的、可行的路径。每个人选择的职业和人生道路各有不同，但是孔子让我们看到了一种阔大生命的境界，而每个人抵达这个境界的方式又有自己的创造性，生命多姿多彩，但万变不离其宗。